KB118968

들숨에 × 긍정 날숨에 × 용기

지나영 지음

자음과모음

차례

필요한 건 내 안의 힘

여러분, 이렇게 책으로 만나게 되어 반가워요. 저는 존스홉 킨스 의과대학에서 수련의들과 학생들을 가르치는 교수이자 소아청소년정신과 의사예요. 원래는 한국에서 정신과 의사가 되고 싶었는데, 원하던 레지던트 프로그램에 지원했다가 떨어지는 바람에 2001년에 미국으로 건너왔어요. 계획에 없던 실패에서 비롯된 일이지만, 결과적으로는 더 넓은 세계로 온 셈이죠.

이 책을 통해 지금까지 제가 정신과 의사로서, 또 만성 난치 병을 앓는 환자로서 겪은 경험과 생각을 여러분과 나누어 보고 싶어요. 또 누구에게나 처음이고 쉽지 않은 청소년기를 좀

프롤로그. 필요한 건 내 안의 힘

더 편안하게 보낼 수 있는 팁도 소개해 주고 싶고요. 드넓게 펼쳐진 세상에서 뜻을 이루며 재미있게 살아가는 방법, 그 과정에서 때때로 찾아오는 어려움을 잘 극복해 내는 방법을 지금부터 저와 함께 배워 보면 어떨까요?

청소년기는 정말 중요해요. '나'의 정체성과 함께 '내가 어떤 사람인지'에 대한 믿음이 단단해지는 시기니까요. 그런 만큼 혼란스러울 때도 많을 거예요. 또 하루하루를 열심히 살고 있는 지금은 미래가 아득해 보일지도 모르죠.

지금 여러분이 스스로 가장 많이 하는 질문은 아마 "나는 어떤 사람인가?" "어떤 삶을 살고 싶은가?" "공부를 이렇게 꼭 해야만 할까?" 같은 것들일 거예요. 도대체 어떤 마음으로 어떻게 살아야 더 행복할 수 있을지, 또 어른이 되어서도 삶을 잘 살아갈 수 있을지 고민되죠?

그런데 이런 고민을 꺼내 놓으면 어른들은 "엉뚱한 생각 말고 공부나 열심히 해"라고 쉽게 말해요. 그러면 여러분은 '부모님 말대로 공부만 잘하면 정말 모든 것이 다 해결될까? 공부 말고 다른 것을 하고 싶으면?' 하는 생각에 불안해집니다. 게다가 공부를 잘하고 싶다고 해도 어른들이 원하는 만큼 잘

할 수 있을지도 확신이 들지 않아요.

여러분의 이런 고민은 너무나 당연합니다. 사람은 누구나 자신이 누구인지 알고 싶어하고, 삶의 목적과 의미를 찾으려 하니까요. 여러분은 아직 어리기 때문에 부모님이나 다른 어른의 도움과 지도가 많이 필요하지만, 오랜 시간이 걸리더라도 스스로 답을 찾아내야 해요. 심지어 많은 일이 내 뜻대로 잘 흘러가 주지도 않고, 때로는 힘겹기도 한 삶 안에서 말이에요.

제가 소아청소년정신과 의사로서 해 주고 싶은 말은 "외부 상황과 상관없이 스스로 단단히 설 수 있는 '내면의 힘'을 기르자"는 것입니다. 내가 원하는 방향으로 삶을 주체적으로 살아가려면 '나를 지탱해 주는 건강한 마음(정신)'이 필요해요. 건강한 마음을 바탕으로 한 선택과 행동이 여러분의 미래를 단단하게 만들 수 있기 때문이죠.

저는 학생들에게 내면을 잘 관리하는 것도 커다란 능력이라고 강조해요. 특히 요즘처럼 급변하는 사회 속에서는 미래를 예측하기 어렵잖아요. 이런 시대를 살아가는 우리에게 회복탄력성과 적응력은 매우 중요한 요소예요. 새로운 일을 시도하다 실패해도 주저앉지 않고 다시 일어설 수 있는 힘과 끊

프롤로그. 필요한 건 내 안의 힘

임없이 변화하는 환경을 좀 더 편안하게 받아들이고 화합할 수 있는 능력이 필요하죠.

홀로그래피를 연구해 노벨 물리학상을 받은 발명한 데니스 가보르는 이렇게 말했어요.

"미래를 예측할 수는 없다. 하지만 미래를 만들어 낼 수는 있다."

미래를 완벽하게 알 순 없지만, 원하는 방향으로 조금씩 만들어 갈 수 있어요. 그러니 아직 닥치지 않은 내일을 벌써부터 너무 걱정하지 마세요. 어떤 미래가 올지 아무도 모른답니다. 더욱이 청소년이 자신의 미래를 완전히 계획한다는 건 불가능할뿐더러 불필요한 일이에요. 그러니 새롭고 낯선 일일지라도 두려워하며 피하기보다 내 마음이 가는 대로 꿈꾸고 도전하며 한 걸음씩 나아가 보는 건 어떨까요? 그저 작은 변화라도 하나하나 꾸준히 일군다는 마음으로 행동해 보세요. 당장 힘든 상황에 부딪혀도 삶을 긍정적으로 바꿔 나갈 수 있다는 신념을 가지기 바랍니다. 살아가는 데 필요한 건강한 마음가짐과 가치관, 능력을 기르면 다른 미래를 만들 수 있으니까요.

제 말이 두렵고 어렵게만 느껴진다고요? 실제로 많은 청소년이 제게 이런 질문을 합니다.

"제가 더 나은 사람이 될 수 있을까요?"

"지금부터 다시 시작할 수 있을까요?"

이 질문에 저는 주저 없이 "그럼요!"라고 답해요.

제가 20년 가까이 청소년을 만나면서 깨달은 한 가지가 있어요. 여러분 내면의 힘은 생각보다 훨씬 더 크다는 거예요. 믿기 어렵겠지만, 사실 여러분의 뇌는 무한한 잠재력을 가지고 있어요. 어떤 환경에 처하든, 어떤 힘든 문제를 겪든 옆에서 도와주고 방법을 알려 주면 시간은 걸릴지언정 대부분 회복할 수 있죠. 청소년이 오히려 어른보다 회복탄력성이 더 높답니다. 그러니 어떤 문제가 몹시 힘들게 하더라도 여러분은 헤쳐 나갈 힘을 가지고 있어요. 중요한 건 여러분 내면에 웅크리고 있는 잠재력을 깨워서 얼마나 꺼내어 쓰는가에 달려 있답니다.

아닌 것 같다고요? 안 될 거라며 지레 겁먹지 말고 조금만 용기를 내 보세요. 힘들 때 주위에 도움을 구할 줄 아는 것도 용기라는 걸 여러분이 꼭 알았으면 좋겠어요. 혹시 지금 어려운 상황에 놓여 있더라도 여러분은 앞으로 얼마든지 성장하고 발전할 수 있습니다. 그러니 쉽게 포기하지 마세요. 이 책도 여러분에게 조금이나마 도움을 줄 수 있기를 바랍니다.

마지막으로 여러분 모두에게 잘했다, 고맙다는 인사를 꼭 하고 싶어요. 저는 여러분이 소중한 시간을 내어 이 책을 펼쳤다는 것 자체로 대단하다고 생각해요. 여러분의 행동은 스스로 성장하려는 의지를 갖고 있다는 것을 보여 줄 뿐만 아니라, 새로운 시작을 의미하니까요.

조급해할 필요는 없어요. 여러분에게는 충분히 많은 시간이 있답니다. 차근차근 나만의 길을 찾아 도전해 보세요. 사람마다 걸어가는 방향도 속도도 모두 달라요. 그러니 무작정 빨리 간다고 해서 성공적인 목적지에 이르는 건 결코 아니라는 걸 기억하세요. 현재에 충실하면서 미래를 바라보며 한 발 한 발 나아가는 것이 더욱 중요해요.

우주로 가는 로켓을 쏘아올린다고 생각해 보세요. 아주 먼 우주로 나아가는 로켓은 출발할 때 조금만 각도가 달라져도 전혀 다른 곳에 도착할 거예요. 매일매일 똑같은 것처럼 보여도 꾸준히 배우고 성장하려고 노력한 사람과 그렇지 않은 사람의 차이는 결국 하늘과 땅만큼 벌어질 테죠. 저는 수십 년 뒤에 여러분이 어떤 사람으로 성장해 있을지 무척 궁금해요. 그때 어떤 어른이 되었는지 제게도 꼭 알려 주면 좋겠어요.

그럼 이제 이 자리에 와 줘서 고맙다고 나를 토닥이며 한 걸음씩 같이 걸어 나가 볼까요?

미국 메릴랜드주에서

지나영

① '나'를 미워하는 나에게

내가 못나 보인다는
생각은 착각이야

저는 존스홉킨스 의과대학에 연계된 병원에서 오랫동안 일했어요. 그러다 보니 이 병원 저 병원을 다 가 봐도 호전이 없어 결국 저를 찾아오는 중증 환자를 많이 만났어요. 중학생 소녀 에밀리도 그런 경우였죠.

에밀리는 머릿속에서 환청이 들려 일상생활이 어려웠어요. 욕설과 비난, 명령조의 말들이 귀를 괴롭혀 학교도 다니기 어려운 상황이었습니다.

에밀리는 여러 명의 괴상한 사람들이 "이 바보 멍청이, 못난이" "재수 없어, 꺼져!" "너를 좋아하는 사람은 아무도 없어" "학교 가지 마" "책을 갈기갈기 찢어 버려" "의자를 밖으로 내던져!" 같은 말을 하며 자신을 괴롭히기 위해 따라다닌다고 말했어요. 환청이 얼마나 실제 같은지 에밀리는 가끔 그말대로 행동하기도 했어요. 그럴 때는 위험천만한 일도 많았죠. 학교에서 책상을 밀어 넘어뜨리고, 의자를 던지거나, 선생님을 밀치는 등 안전 요원을 불러야 하는 위기 상황을 일으키기도 했고요.

가장 마음 아팠던 것은 에밀리가 늘 우울 증상에 시달리면서, 자신을 사랑하는 사람이 아무도 없고 다른 사람들이 자신을 미워한다고 믿는 것이었어요. 부모님과 할머니, 동생이 늘 곁에서 정성을 다해 돌보고 걱정하고 있었는데도 말이죠. 학교에서도 선생님들은 늘 에밀리를 도와주려고 힘썼어요. 그럼에도 에밀리의 생각은 변하지 않았어요.

만약 에밀리가 여러분의 형제나 친구라면 어떨까요? '왜 사실도 아닌데 믿어? 왜 가짜라는 걸 모르지?'라고 안타까워하며 사실을 알리려고 하지 않겠어요?

에밀리 주변 사람들도 그랬어요. 그들은 "허튼소리니까 믿지 마. 그 말들 다 진짜가 아니야" "나는 너를 아끼고 사랑한단다" "그 거짓말 믿지 말고 우리 말을 믿어" 하고 여러 차례 말했어요. 하지만 별 소용이 없었답니다. 에밀리는 환청이 사실이라고 믿었기 때문이죠. 환청과 망상은 에밀리의 삶을 점점 무너뜨렸어요.

그런데 에밀리의 환청 같은 소리가 우리들 안에도 있다면 믿을 수 있나요? 우리의 삶을 무너뜨리는 생각이 우리 머릿속에 있다면요?

놀랍게도 많은 사람이 사실이 아닌 잘못된 생각에 시달립니다. 심리학 용어로 '자동적 부정 사고(Automatic negative thoughts)'라고 해요. 영어 단어의 앞 글자를 따서 ANTs, 즉 '개미들'이라고도 해요.

부정적인 생각은 늘 우리와 함께 살고 있어요. 개미들처럼 스멀스멀 머릿속을 기어다니다가 어느 순간 자동적으로 튀어나오죠. '너같이 못난 애가 앞으로 어떻게 살아갈 수 있어?' '아마 대학 떨어져서 완전 망한 인생 살게 될걸' '그럴 줄 알았어. 그 머리에 낙제 점수 받는 게 당연하지. 쪽팔린다, 쪽팔려' '읽씹 당했지? 역시 널 좋아하는 사람은 아무도 없어' 같은 무서우리만큼 부정적인 생각들이 머릿속에서 불쑥 튀어나옵니다. 그리고 이런 생각들과 함께 우울 증상과 불안 증상이 나타나기도 하죠.

왜 이런 부정적인 생각들이 우리 머릿속을 떠나지 않는 걸까요? 왜 우리를 계속 괴롭히는 걸까요?

그 이유는 진화론에서도 엿볼 수 있습니다. 환경에 적응하면서 단순한 것에서 복잡한 것으로 진화하며, 생존경쟁에 적합한 것은 살아남고 그렇지 못한 것은 도태된다는 학설이 진화론이에요.

치타가 가젤을 쫓고 있는 상황을 상상해 보세요. 가젤은 치타의 먹이가 되지 않기 위해 목숨을 걸고 필사적으로 달립니다. 치타도 살기 위해 먹이를 잡으려고 최고 속도로 달리죠. 이때 가젤은 어마어마한 '공포'를 느낍니다. 살점이 뜯길 위기에 놓여 있으니까요.

이렇게 죽을 수도 있겠다고 최악의 상황을 가정하는 부정적인 생각은 근육이 찢기는 엄청난 고통을 참고 죽어라 달리게 합니다. 부정적인 생각과 공포가 결국 가젤의 목숨을 지켜 주는 거예요.

우리가 저절로 떠올리는 부정적인 생각도 가젤이 '나 죽게 생겼어' 하며 달리는 힘과 유사합니다. 모든 위협으로부터 자신을 지키고, 생존에 더 유리한 방향으로 이끌어 주기 위해서죠. 만약 가젤이 위험 상황을 긍정적으로 평가하고 느긋하게 행동한다면 쉽게 먹잇감이 되어 버릴 거예요.

과거에는 지금보다 인간도 생명의 위협을 자주 느끼던 시절이 있었어요. 선사시대를 한번 생각해 볼까요? 험한 산을 걸어서 넘어야 하는 상황을 떠올려 보세요. 해가 지기 전에 산을 넘을 수 있을지 없을지 불확실할 때, 더 나은 선택은 무엇일까요?

이럴 땐 포기가 답입니다. 산에 오르다 어둠을 만나면 맹수의 공격을 받거나 길을 잃을 가능성이 커지니까요. 즉, 부정적인 경우를 대비하는 것이 생존에 더 유리한 선택이에요. 우리가 대개 부정적인 상황을 더 강하게 느끼는 건 진화론적으로 생존에 더 유리했던 생각과 반응을 계속 대물림해 왔기 때문입니다.

그런데 현대 사회에서는 생명이 위태로울 만큼 위험한 상황이 아주 드물어요. 그럼에도 위협이나 불안을 느낄 때 우리 몸에서 일어나는 반응은 치타에게 잡아먹힐 위험에 처한 가젤이 겪는 반응과 유사합니다. '이러다가 죽을 거야' '모든 것이 잘못되고 있어' '나는 잘할 능력이 없어' '나를 좋아하고 위해 주는 사람은 없어' 같은 불필요한 부정적 사고가 저절로 따라오죠.

나를 옭아매는 부정적인 생각 때문에 자유로운 삶을 살 수 없다면 어떨까요? 부정적인 생각이 해가 되는 이유는 사실을 왜곡하여 해석하고, 현실을 똑바로 보지 못하게 만들기 때문이에요. 만약 최악의 상황을 걱정하면서 실제로 일어날 거라고 믿는다면, 환청과 망상을 사실이라고 믿는 에밀리와 무엇이 다를까요?

우리 머릿속에 부정적인 생각이 자동화된 데에는 중요한 이유가 또 하나 있습니다. 부모님으로부터, 혹은 선생님으로부터 훈계와 꾸지람, 책망을 들은 일을 한번 떠올려 보세요. "네가 말을 안 들어서 정말 못살겠다" "공부를 그렇게 시켜도 이 정도밖에 안 돼?" "이 성적 가지고 제대로 된 대학이나 가겠니?" "이렇게 공부 안 하면 나중에 무시당하고 산다" 같은 말을 들어 본 기억이 혹시 있나요?

어른들은 사랑에서 나온 우려와 걱정으로 이런 말을 하곤 합니다. 여러분이 더 잘되기를 바라는 마음으로요. 그렇지만 이런 말은 '부모님 말을 잘 들어야 착한 아이야' '공부를 잘해야 좋은 학생이지' '좋은 대학에 가야 인정받고 살지'라는 뜻을 담고 있기에 '가치 있는 사람이 되려면 외적인 조건을 갖추어야 한다'는 메시지가 되기도 해요.

이런 말을 자주 듣는 사람은 자신이 몹시 부족하다고 생각하기 쉽습니다. 안타깝게도 '나 자체로는 전혀 가치가 없는 사람'이라고 느끼는 거죠. 어른들이 동기 부여와 격려의 의미로 말하는 '이렇게 하다가는 큰일 난다'라는 메시지가 쌓여, '역시 난 안 돼' '나는 뒤떨어진 사람이야'라고 생각하는 거예요.

여기에서 한 걸음 더 나아가 '나 같은 사람을 좋아하는 사람은 아무도 없어' '내가 하는 일이 잘될 리가 없어' 하는 부정적인 생각이 자리 잡아요. 내 안에서 저절로 나오는 부정적인 사고에다 어른들의 걱정이 담긴 메시지까지 더해져 마치 그것을 사실인 것처럼 받아들이는 거죠. 결국 나의 존재 가치는 그 자체로는 쓸모없으며, 내가 얼마나 성취하느냐에 달려 있고, 부모님의 사랑도 내가 얼마나 잘하냐에 따라 달라진다고 믿게 됩니다.

청소년들을 상담하다 보면 마음이 평안한 삶을 누리지 못하는 친구가 많아요. 온통 부정적인 생각으로 자신을 옭아매기 때문이에요. '나는 능력이 없어. 못났어. 아무도 날 좋아하지 않아'처럼 사실이 아닌 착각에 빠진 친구가 많죠. 이런 친구들은 '그냥 죽어지내자. 시도하면 뭐 해, 실패할 건데. 가만히 있으면 중간은 가' 같은 수동적이고 무기력한 반응을 흔히 보입니다. 자신이 부족하고 가치 없다고 믿는 사람이 맘껏 꿈을 펼칠 용기가 나지 않는 것은 어쩌면 당연한 일입니다.

여러분도 혹시 부모님의 애정을 얻기 위해, 남에게 인정받기 위해 애쓰고 있나요? 어른들이 바라는 것을 해내지 못하면 아무 가치도 없는 사람이라고 생각하나요? 이제 그런 생각이 사실이 아니라는 것을 알게 되었기를 바라요. 모든 사람은 태어날 때부터 그 무엇으로도 평가받을 수 없는 절대적인 존재 가치가 있답니다. 성적이나 돈 같은 것으로 사람의 가치를 매길 수 없다는 사실을 말이에요.

잠시 자신을 돌아볼까요? "이 정도면 괜찮아" "잘하고 있어" "수고가 많아" "내 자신이 뿌듯해"라고 나에게 말해 본 적 있나요? 스스로 위로와 감사의 말을 해 주세요. 여러분은 그 존재만으로도 가치 있고 소중한 사람이라는 것을 명심하세요. 부모님이나 선생님으로부터 부정적인 메시지를 들었다면, 그것은 진심이 아니라 더 열심히 하라고 채찍질하는 말이라고 생각했으면 좋겠어요. 반드시 잊지 말아야 할 것은 이런 메시지가 여러분의 가치와 존엄성을 해치게 내버려 두어서는 안 된다는 거예요. 사실이 아닌 부정적인 생각에 사로잡히는 대신, 이 말을 꼭 되뇌어 보세요!

"나는 가치 있는 사람이다. 나는 사랑받는 사람이다(I'm worthy. I'm loved)."

내 안에 숨어 있는
잠재력 깨우기

자동적 부정 사고(ANTs)를 이겨 낼 수 있을까요? 다행히 방법이 있어요. 바로 대체 사고(Alternative thoughts)를 훈련하는 거예요. 부정적인 생각을 대체하는 것이니까 긍정적인 생각이겠죠?

대체 사고를 익히면 세상을 좀 더 현실에 가깝게 바라보고, 보다 긍정적인 해법을 찾기 쉬워져요. 부정적인 면뿐만 아니라 긍정적인 면까지 세상을 더 넓게, 더 온전하게 바라보는 경험을 하는 거죠.

사고 훈련이라고 하니까 어렵게 느껴지나요? 이렇게 말하면 여러분에게 조금 더 익숙할 것 같아요. 마인드 트레이닝

(Mind training) 말이에요. 잘 따라오기만 한다면 하나도 어렵지 않습니다.

대체 사고 훈련에 앞서 해야 할 중요한 준비 단계가 있어요. 바로 내 안에 있는 무한한 잠재력을 인식하는 거예요. 제가 이렇게 말하면 어떤 학생은 이렇게 대꾸한답니다.

"제게도 잠재력이 있을까요? 교수님은 몰라도 저는 돌머리예요. 머리가 나쁘다고요."

사실 많은 사람이 미리부터 '나는 안 될 거야. 잠재력은 특별한 사람만 갖고 있는 거야'라고 생각해요. 그런데 이런 생각 자체가 자동적 부정 사고예요. 자존감을 갉아먹는 원흉이죠.

잠재력이란 말 그대로 겉으로 드러나지 않는, 숨어 있는 내면의 힘이에요. 꺼내서 펼쳐 보지 않으면 알 도리가 없죠. 하지만 틀림없이 여러분 내면에 차곡차곡 쌓여 있어요. 끊임없이 꺼내도 다 펼치지 못할 만큼 무한하기도 하죠.

잠재력을 찾아서 발휘하는 방법은 사실 간단합니다. 내가 관심 있고 재미있게 할 수 있는 일을 찾아서 열심히 해 보는 거예요. 그리고 성장할 수 있는 기회가 있으면 도전해 보는 거죠.

저는 중학생 때 과학상자로 각종 기계 모형을 만드는 걸 좋아했어요. 틈만 나면 과학실에 가서 헬리콥터, 트랙터 같은 걸 만들어 모터를 돌리면서 놀곤 했죠. 전국 과학상자 조립 대회가 열린다는 소식을 들었을 때, 이제껏 닦아 온 실력을 발휘할 수 있겠다 싶어서 신났어요. 하지만 선생님들이 뽑은 참가자 명단에 제 이름이 빠져 있지 뭐예요. 실망했고, 너무 서운했어요. '내가 제일 좋아하고 잘하는 것 같은데, 왜 나를 안 뽑았을까?' 생각했죠. 저는 망설이다가 용기를 내서 말을 꺼냈습니다.

"선생님, 저도 과학상자 잘하는데 저도 가면 안 돼요?"

그런데 예상외로 선생님은 흔쾌히 "그래, 나영이도 같이 가자" 하는 거예요. 그렇게 저는 '선발'된 게 아니라 '자원'해서 대회에 참여할 수 있었어요. 그리고 전국 결승에서 장려상도 받았죠.

그때 만약 제가 속상해하기만 하고 가만히 있었다면 어떻게 됐을까요? 선생님들을 원망하는 마음이 아직까지 남아 있을지도 몰라요. 하지만 저는 도전해 보고 싶은 문을 두드렸어요. 원하는 것을 얻기 위해 시도하고 노력했기 때문에 기회를 얻을 수 있었죠.

그런데 그보다 더 중요한 것은 매일 좋아하는 일을 하면서, 찬찬히 꺼내 펼쳐 온 저의 잠재력을 믿었기 때문이라고 생각해요. 자신이 좋아하는 것을 꾸준히 하고, 용기 내 기회를 잡는 사람은 반드시 잠재력을 펼칠 수 있다고 믿어요.

잠재력에 대해서 또 한 가지 알려 주고 싶은 것이 있어요. 자신이 공부에는 소질이 없는 것 같나요? 그렇다고 예체능을 잘하는 것도 아닌가요?

이런 생각을 하다 보면 결국 아무 재능이 없는 것처럼 느낄 수 있는데요. 소위 말하는 지능이나 재능에는 여러 종류가 있다는 것을 알아야 해요. 공부를 잘하는 것이 곧 잠재력이 크다는 뜻은 아니라는 말이에요.

미국에는 이런 말이 있어요.

"모두가 천재다. 하지만 나무 타는 능력으로 물고기를 판단한다면, 물고기는 평생 자신이 멍청하다고 여기며 살 것이다."

만약 정글에서 나무 타기를 잘하는 능력만이 생존 조건이라면 코끼리나 물고기, 하마는 어떻게 될까요? 우리는 종종 공부 잘하는 것, 돈 잘 버는 능력으로 사람을 판단하기도 해요. 각자의 다양한 잠재력에 대해서는 별 관심을 두지 않고서요. 내가 이런 기준에 못 미친다고 느끼면 열등감이 생기고, 자존감이 낮아지기 쉽죠.

남이 만들어 놓은 틀에 나를 맞추려고만 애쓴다면 무척 힘겨울 거예요. 또 행복해지기도 어렵습니다. 나무를 잘 타려고 평생 애쓰는 물고기가 있다고 상상해 보세요. 그 물고기는 행복할까요? 여러분이 물고기라면 나무 타기를 연습할 게 아니라 나의 잠재력을 펼칠 무대, 즉 나만의 '물'을 찾아 가려고 노력해야 해요.

그런데 이때 꼭 명심할 것이 있어요. 자신의 단점보다는 장점에 집중하는 것이 중요해요. 단점이 드러나는 일을 피하기보다 좋아하고 잘하는 일을 찾아 가는 자세가 좋아요. 래프팅을 즐겨 본 적이 있나요? 거친 물줄기를 타고 노를 저어 목적지까지 도달해야 하는 놀이죠. 어떻게 해야 성공적으로 목적지에 닿을 수 있을까요? 눈앞의 돌부리나 나무에 부딪히지 않으려고 노를 젓는 것이 아니라, 어디로 가야 할지 멀리 앞을 보고 목표점을 향해 가는 것입니다. 피하는 것에 집중하기보다 가려는 곳에 집중하고 나아가야 해요.

남보다 훨씬 뛰어난 점이 없다는 생각이 들어도 전혀 걱정 마세요. 여러분 나이에는 월등한 강점이 있는 사람은 거의 없으니까요. 공자의 말 중에 "아는 사람은 좋아하는 사람만 못하고, 좋아하는 사람은 즐기는 사람만 못하다"는 이야기가 있어요. 그러니까 여러분은 관심 있고 좋아하는 일을 더 갈고닦아 즐기는 정도가 되어 보면 좋겠어요. 그러다 보면 능력은 저절로 길러집니다.

오늘날에는 스스로 배울 수 있는 방법이 무궁무진하잖아요. 책, 유튜브, 온라인 강의 등을 활용해 얼마든지 혼자서도 배우고 익힐 수 있어요. '나는 머리가 나쁘다' 같은 부정적인 생각에서 벗어나 흥미롭고 재미있는 일들을 찾아 탐구해 보세요. 어느덧 물 만난 물고기가 되어 있을 거예요. 그것이 꼭 직업으로 이어지지 않아도 괜찮아요. 분명 삶을 살아가는 데 큰 강점이 될 거라 믿어요.

하버드대학 교육심리학 교수인 하워드 가드너 박사는 다중 지능 이론을 펼쳤어요. 그에 따르면, 지능을 여덟 가지 영역으로 나눌 수 있다고 해요. 바로 음악적 지능, 신체-운동적 지능, 논리-수학적 지능, 언어적 지능, 공간적 지능, 대인관계 지능, 자기 이해 지능, 자연 탐구 지능입니다.

여러분은 어느 부분이 강한가요? 다중지능연구소 홈페이

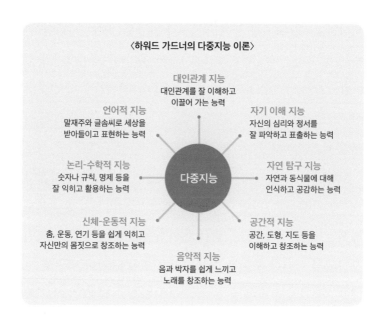

〈하워드 가드너의 다중지능 이론〉

대인관계 지능
대인관계를 잘 이해하고
이끌어 가는 능력

언어적 지능
말재주와 글솜씨로 세상을
받아들이고 표현하는 능력

자기 이해 지능
자신의 심리와 정서를
잘 파악하고 표출하는 능력

논리-수학적 지능
숫자나 규칙, 명제 등을
잘 익히고 활용하는 능력

다중지능

자연 탐구 지능
자연과 동식물에 대해
인식하고 공감하는 능력

신체-운동적 지능
춤, 운동, 연기 등을 쉽게 익히고
자신만의 몸짓으로 창조하는 능력

공간적 지능
공간, 도형, 지도 등을
이해하고 창조하는 능력

음악적 지능
음과 박자를 쉽게 느끼고
노래를 창조하는 능력

지(multiiqtest.com)에서 다중지능검사를 통해 알아볼 수 있어요. 자신에 대해서 조금 더 잘 아는 계기가 될 거라 생각해요.

잠재력을 깨워 내 꿈에 더 가까이!

관심 있거나 꿈꾸는 것이 있나요? 그럼 그 꿈에 더 가까이 가기 위해 매일 한 발짝씩 앞으로 나아가 봐요. 파일럿이 되어 하늘을 날면서 세계 곳곳을 가 보고 싶다면, 비행기에 관한 책이나 파일럿의 이야기를 찾아보는 거예요. 파일럿에 관한 다양한 직업적 정보를 알아볼 수도 있겠죠. 도움이 되는 그림이나 정보를 벽에 붙여 두고 뜻이 있는 곳에 길이 보인다고 생각하는 마인드 트레이닝을 해 보세요.

예

1. 내가 관심 있는 것 : 우주

• 미국 나사 웹사이트에 들어가서 우주의 탄생, 우주의 나이, 빅뱅과 우주 등 다양한 정보를 알아본다.
• 멋있는 그림이 있으면 프린트해서 벽에 붙여 둔다.
• 이소연, 조니 김 등 우주 비행사의 이야기를 찾아본다.

2. 내가 되고 싶은 것 : 화가

• 틈날 때마다 그림을 그려 본다.
• 미술관이나 박물관에 가서 전시회를 관람한다.
• 내가 좋아하는 화가의 그림을 소개한 책을 읽는다.
• 페이스북, 인스타그램 등에서 현대 화가들을 팔로우하며 감상하고, 화가들이 어떤 활동을 하는지 배운다.

3. 내가 하고 싶은 것 : 동물 돌보기(수의사, 동물학자, 조련사)

• 동물 백과, 동물 유튜브 채널 등에서 다양한 정보를 알아본다.

• 수의사, 동물학자는 무슨 일을 하는지 알아본다.

• 동물학자 제인 구달, 동물 애호가이자 사육사였던 스티브 어윈 등 동물과 관련된 직종에 종사하는 사람들의 일생에 대해 알아본다.

• 여건이 되면 동물을 키워 본다.

나를 바꾸는
긍정적인 마음

꿈을 이루기 위해 무언가에 도전할 때 가장 중요한 것은 바로 긍정적인 마음가짐이에요. 이렇게 이야기하면 "말은 쉽죠. 하지만 저는 천성적으로 낙관주의자가 아니에요"라고 말하는 사람이 있어요. 하지만 누구나 긍정적인 마음가짐을 가질 수 있어요.

긍정적인 마음가짐은 덮어놓고 모든 것이 다 잘될 거라고 믿는 낙천적인 생각이 아니에요. 어떤 상황이라도 긍정적인 면이 있음을 잊지 않는 마음가짐이에요. 이런 긍정적인 마음가짐도 반복 연습으로 습득할 수 있어요.

긍정적인 마음을 어떻게 연습하냐고요? 인간 승리의 주인공인 호주의 투리아 피트 이야기를 해 볼게요.

투리아 피트는 2011년 울트라 마라톤 경기 중에 산불에 휩싸여 전신 화상을 입고 죽을 고비를 넘겼어요. 손가락을 7개나 절단해야 했고, 200번이 넘는 수술과 시술을 하며 오랜 재활을 견뎌야 했죠. 산불이 났는데도 마라톤 주최 측이 경기를 중단시키지 않았기 때문에 일어난 사고였기에 더 억울하고 원망스러웠을 거예요. 절망한 그녀가 다시 달릴 수 있을 거라고 누구도 예상하지 못했어요.

하지만 놀랍게도 피트는 2년 뒤 철인 3종 경기에 참가할 정도로 당당히 일어섰어요. 어떻게 그런 신체적, 정신적 고통을 딛고 다시 일어설 수 있었을까요? 피트는 이렇게 대답해요.

"저는 매일 감사하는 마음으로 정신을 무장합니다. 왜냐하면 감사하다고 생각하는 동안에는 원망스럽거나 절망적인 생각을 동시에 할 수 없거든요."

피트는 사고를 원망하기보다 이만큼 회복했음에, 사랑하는 가족이 있음에, 자신의 일을 할 수 있음에 늘 감사한다고 합니다. 고통스러운 재난을 당하고도 긍정의 힘으로 다시 일어난 거예요.

피트의 말은 뇌신경학적으로 일리가 있어요. 우리 뇌에는 감사 회로가 있답니다. 감사한 것들을 생각하면 뇌의 시상하부라는 곳이 활성화돼요. 시상하부는 수면, 호흡, 체온 같은 대사 조절에 관여하는 부분이에요. 그래서 시상하부가 활성화되면 대사가 안정되고 대체로 몸이 평안해져요.

또 감사하는 마음은 행복 호르몬이라고도 불리는 세로토닌을 증가시켜 기분을 좋아지게 합니다. 세로토닌은 항우울제를 먹으면 증가하는 신경 전달 물질이기도 해요. 그러니 감사하는 마음은 천연 항우울제 역할을 한다고도 할 수 있어요.

뿐만 아니라 감사하는 마음을 가지면 도파민이 분비돼요. 도파민은 즐거운 감정을 느끼도록 하고, 그에 따라 동기를 부여하는 물질이에요. 우리가 보상이나 칭찬을 받으면 그 행동을 더 열심히 잘하려고 하게 되는 것과 같아요. 그래서 감사하는 습관을 들이면 기분이 좋아질 뿐 아니라, 동기 부여도 된답니다. 뇌의 보상 회로가 활성화되는 거죠.

한 실험에 따르면, 규칙적으로 감사 일기를 쓰는 사람은 감사 회로가 더 쉽게 활성화되는 것으로 나타났어요. 감사하는 습관을 들이면 감사해야 할 것이 더 많이 보이고, 감사의 마음이 더욱 커지는 거죠. 그러니 감사는 '긍정적인 마음가짐'이라는 황금알을 낳는 거위라 할 수 있어요.

오프라 윈프리, 리처드 브랜슨, 클린트 이스트우드 같은 유명인들과 많은 기업 CEO들이 매일 감사 명상을 하거나 감사 일기를 쓴다고 알려져 있어요. 영화 〈쥬라기 월드〉에 출연한 배우 크리스 프랫도 감사 기도로 하루를 시작한답니다.

저도 매일 아침저녁으로 심호흡하면서 감사 기도나 감사 명상을 해요. 그러면서 부정적인 생각이 들더라도 내면을 긍정적인 마음가짐으로 채웁니다. 저는 이를 '감사 요법'이라고 불러요. 게다가 명상과 호흡은 스트레스에서 벗어나는 매우 좋은 방법이에요. 저는 진료실에 찾아온 환자들에게 감사 요법과 함께 명상과 호흡법을 추천하곤 한답니다.

지금부터 매일 감사하는 연습을 해 보세요. 감사의 마음을 일기장이나 스마트폰 앱에 적어 보는 거예요. 기도나 명상으로 대신해도 되고요.

감사하는 마음은 세로토닌과 도파민을 증가시켜 우리 마음에 긍정의 힘을 불어넣어 준답니다. 본능적이고 자동적인 부정적 사고에서 벗어나는 가장 간단하면서도 강력한 방법이죠.

하루하루 꾸준히 연습하다 보면 어느새 긍정적인 마음가짐을 갖게 될 거예요.

하루 5분 감사 일기 쓰기

여러분, 오늘 어떤 일이 감사했나요? 감사를 느끼는 대상에게 짧게 일기로 고마움을 전해 보세요.

감사한 것이 떠오르지 않는다고요? 제가 추천하는 감사 일기 작성법이 있어요. 종이 한 면을 4등분하여 '나' '남' '물질' '경험'으로 감사하는 부분을 나눠 보는 거예요.

1. 나 : 나의 재능과 장점(끈기, 진실함, 배려심, 세심함) 또는 수고에 감사하기

　　예 오늘 시험공부 하기 싫었는데도 공부했지. 한 과목이라도 한다고 수고했어. 고마워.

　　　오늘 친구가 아파서 내가 집에 데려다주었지. 배려심 있는 행동, 잘했어.

2. 남 : 부모님, 누나, 오빠, 선생님, 친구 등에게 감사를 전하기

　　예 엄마, 내가 오늘 늦잠 자서 학교에 늦을 뻔했는데 깨워 줘서 고마워.

3. 물질 : 집, 컴퓨터, 학용품 등이 있어 좋은 점을 생각하며 감사하기

　　예 맛있는 치킨이 있어서 온 가족이 함께 먹을 수 있었어. 고마워.

　　　태블릿 덕분에 편리하게 공부할 수 있어서 감사해.

4. 경험 : 감사한 경험 이야기하기, 혹은 안 좋은 경험이지만 배울 점이 있었다는 것에 감사하기

　　예 친구랑 싸웠는데 다시 친하게 지낼 수 있어서 감사해.

　　　오늘 하굣길에 친구들과 분식집에 간 것에 감사해.

네이비 씰도 배우는 스트레스 관리법

네이비 씰(Navy SEAL)이라는 이름 들어 봤나요? 세계 최강을 다투는 미국의 막강한 특수부대입니다. 이 용감무쌍한 네이비 씰도 스트레스를 관리하는 호흡법을 활용해요. 긴급 상황에서 침착하게 작전을 수행할 수 있죠. 이른바 '4-2-4 호흡법'은 네이비 씰의 호흡 비법과 유사합니다. 저와 함께 순서대로 따라해 볼까요?

1. 4초 동안 들숨을 천천히 크게 들이마셔요. 하나, 둘, 셋, 넷을 셀 동안 깊은 숨을 코로 들이마십니다.
2. 그대로 2초 동안 멈추고 산소와 숨을 몸 곳곳으로 보내 보세요. 2초 쉬는 것이 너무 갑갑하면 멈추지 않고 바로 날숨을 내쉬어도 돼요.
3. '후~' 하고 4초 동안 천천히 입으로 날숨을 쉬어요. 코로 내쉬어도 돼요. 날숨은 4초보다 길어져도 괜찮아요. 이때 몸을 편안하게 풀어 줍니다. 특히 미간, 턱, 어깨 등을 편안히 합니다.

될 수 있으면 천천히 들숨과 날숨을 쉬면 좋아요. 이런 심호흡은 몸을 편안하게 해 줍니다. 몸이 편안해지면 뇌는 스트레스 반응을 가라앉히라는 신호를 받고 안정을 찾아요. 속상한 일, 억울한 일 때문에 마음이 힘들다면, 4-2-4 호흡법으로 몸과 마음을 진정시켜 보세요. 감사 요법과 함께 하면 더 많은 도움이 된답니다.

완벽해지려는 마음을
내려놓을 때

저는 한국에서 25년을 살았고, 미국에서는 22년째 생활하고 있어요. 미국 학생들을 치료하다 보면 한국 학생들과 다른 면도 있지만, 같은 면도 많이 발견해요. 미국 학생들이 한국 학생들에 비해 학업 스트레스가 대체로 적은 편이지만, 없다고는 할 수 없거든요. 미국 학생들도 한국 학생들처럼 고만고만한 고민을 갖고 있답니다. 한국이나 미국이나 하고 싶은 걸 마음껏 펼쳐야 할 나이에 스트레스로 자신감을 잃어 가는 학생들을 보면 참 안타깝죠.

10년 동안 제 진료실 문을 두드리는 카너라는 학생이 있어요. 자폐스펙트럼 장애가 있는 친구인데, 7살 때부터 불안증과 문제 행동이 있었죠. 꾸준히 치료를 받고 많이 나아졌는데, 고등학생이 되더니 학업 스트레스가 컸나 봅니다. 카너는 우울 증상이 심해져서 매우 힘들어했어요. 학년이 올라갈수록 공부가 더 어렵다고 하소연했죠. 카너는 급기야 학교에서도 책상에 엎드려 자는 등 목적 없이 시간을 때우기 시작했어요. 집에 가서도 숙제조차 거들떠보지 않고 무료한 일상을 보내는 것이 습관이 되었어요. 당연히 성적이 떨어졌고, 자신이 멍청하고 쓸모없는 존재라고 생각하게 되었고요. 카너의 엄마도 그런 카너에게 늘 잔소리를 하다 보니, 이내 서로 짜증 내고 싸우는 일이 많아졌어요.

이런 일이 반복되면서 카너의 여러 가지 문제는 연쇄 과정을 보였어요. 문제가 개선되지 않고 악순환이 계속됐죠.

> **힘든 공부와 숙제 → 스트레스 증가 → 학업 포기**★ →
> 학업 능력 저하 → 낮은 성취도 → 낮은 자존감 → 우울감 →
> 분노 → 부모와의 갈등 → 스트레스 더 증가 → **학업 포기**★

저는 카너와 엄마에게 특단의 치료법을 내놓았어요. 카너한테는 일단 공부를 잘해야 한다는 생각을 버리라고 권유했어요. 그동안 못 따라간 진도와 밀린 숙제를 해야 한다는 압박감을 깨끗이 지워 버리라고요. 그리고 자기가 할 수 있는 공부양을 스스로 정해 보라고요. 그 분량 내에서 공부를 시작하라고 말해 주었답니다. 시험이 코앞인데 모든 과목, 모든 범위를 다 공부해야 한다면 당연히 막막하고 포기하고 싶은 생각밖에 안 들 거예요. 하지만 오늘은 영어를 10쪽 공부하고 내일은 과학을 10쪽 더 읽는다면, 오늘의 나는 어제의 나보다 더 발전하는 셈이죠. 이런 식으로 스스로 소화해 낼 수 있는 정도만 매일 해 볼 것을 권했어요.

바로 '작은 스텝으로 시작하라!'였어요. 제가 '김밥 요법'이라고 부르는 거예요. 김밥을 통으로 먹으려면 힘들고 목도 막히지만, 한입에 들어갈 크기로 자르면 훨씬 먹기 쉽죠? 저는 주의력결핍 과다행동장애(ADHD, Attention deficit hyperactivity disorder)가 있어서 오래 집중하기 힘들고, 많은 분량을 한꺼번에 하려고 생각하면 그냥 계속 미루고만 싶어져요. 저에게 어떻게 공부를 잘할 수 있었냐고 묻는다면, 단연 김밥 요법의 결과라고 답할 수 있어요. 하루에 공부할 분량을 정하고, 그날에는 그만큼만 해낼 생각을 하는 거죠.

그리고 카녀 엄마에게는 카녀가 잠시라도 공부에 집중하면 "우리 아들, 수고하네" "노력해 줘서 고맙다" 하며 그 과정을 칭찬해 달라고 부탁했죠.

이 방법은 효과가 있었습니다. 또 가장 현실적인 방법이기도 했죠. 그대로 멈춰 있지 않고 조금씩이라도 나아갈 수 있으니까요. 그렇게 조금씩 하다 보면 배움의 기쁨과 성취감을 느껴 꾸준히 공부할 수 있는 토대가 됩니다. 장기적으로 실행하다 보면 다른 친구들과 벌어진 진도를 점점 좁힐 수도 있을 거예요.

부모님이 "왜 공부를 안 하냐, 왜 이리 못났냐" 하면서 질책한다고 해서 여러분이 공부를 더 잘하게 될까요? 물론 여러분이 부모님의 말에 자극을 받고 공부를 열심히 해서 더 잘하게 될 수도 있겠죠. 하지만 그런 말들은 오히려 여러분이 자신은 못난 사람이고, 부모의 사랑을 받지 못한다고 생각하게 만들 수 있어요.

저는 학생들을 치료하면서 어린 시절의 인간관계, 특히 부모와의 관계가 자아 형성에 얼마나 큰 영향을 끼치는지 자주 본답니다. 어렸을 때 경험했던 부모님의 말이나 행동은 분명히 여러분에게 아주 크게 작용했을 거예요. 어린아이에게 부모는 마치 세상의 전부나 마찬가지니까요.

그래서 만약 부모님이 "너는 참 착한 아이야" 혹은 "너는 참 나쁜 아이야"라고 말했다면, 여러분은 아마 그 말이 진실이라고 믿었을 거예요. 자기가 정말로 착한 아이 혹은 나쁜 아이라고 생각하게 되는 거죠. 또 "이게 뭐야? 내가 너 때문에 속 터져"라고 말하면 '내가 큰 잘못을 해서 엄마가 나 때문에 괴롭구나' 하고 생각했을 거고요. 어쩌면 여기에서 그치지 않고 '난 정말 나쁜 아이야. 이 세상에서 내가 만나는 사람은 다 나 때문에 괴로워할 거야' 하는 생각으로 발전했을 수도 있어요. 사소한 말과 행동일지라도 여러분의 마음에 새겨져 자아를 형성하는 데 영향을 미칠 수 있는 거죠.

공부 때문에 부모님과 갈등이 생겼을 때는 '어떤 방법이 나의 공부에 도움이 될까?'를 함께 의논해 보세요. 그리고 자신에게 맞게 계획을 짜서 실천하는 것이 가장 효과적이에요. 이것이 바로 자기주도 학습의 핵심이기도 하죠.

무언가를 완벽하게 하겠다는 생각은 동기 부여가 되기보다 오히려 일을 저지하는 결과를 가져올 수 있습니다. 저는 어릴 때부터 그림 그리기를 좋아했습니다. 대학 시절에도 교양 과목으로 미술을 선택했죠. 2년 동안 교수님의 지도를 받으며 열심히 그림을 그렸어요. 교수님은 제가 미대에 갔어도 잘했을 거라 이야기하기도 했죠. 그런데 언제부턴가 저는 완성도를 높이는 데 과도하게 몰입하기 시작했습니다. 풍경화나 정물화를 그리면 더 좋아질 때까지 많은 시간을 들였어요. 고칠 부분이 보이면 반복해서 고쳤고요. 그러다 보니 더 잘 그려 보겠다는 욕심 때문에, 즐거워서 시작했던 그림이 어느덧 고달픈 '일'이 되어 버리더라고요.

그때 완벽하려는 욕심이 결국 스트레스를 부른다는 것을 깨닫게 되었어요. 순수한 즐거움을 빼앗고 괴로움을 준다는 것도요. 무엇보다 많이 고친다고 해서 꼭 더 좋은 작품이 탄생하는 것도 아니었죠. 예술 작품에는 순수한 마음이 투영될 때 나타나는 아름다움도 있잖아요. 그래서 완벽해지려고 많이 고친 작품보다 이전의 작품이 더 신선하고 좋을 때가 많았습니다.

그러니 완벽하지 않아도 최선을 다해 열심히 하고 나서 "이 정도면 잘했어" 하고 자신을 토닥거려 주세요. 그 말이 우리를 더 행복한 순간으로 이끌어 줍니다.

'난 왜 이것밖에 안 되지?' '난 왜 완벽하게 하지 못할까?' 하는 부정적인 메시지에 사로잡히면 뇌에서 부정적 회로가 더 활성화됩니다. 이 정도면 나는 참 잘하고 있다는 긍정적인 생각을 연습해 보세요. 그러면 학업도, 인간관계도, 미래도 더 긍정적으로 펼쳐질 거예요.

김밥 요법

저는 치료실에서 ADHD 학생과 부모님에게 '김밥 요법'을 제안해요. 학생들이 모든 과목을 전부 섭렵해야 한다면, 마치 썰지 않은 기다란 김밥을 먹을 때처럼 갑갑하고 목이 막히겠죠. 김밥을 먹기 좋게 썰어 하나씩 먹으면 쉽고 맛있게 먹을 수 있듯이 공부나 작업도 소화할 수 있는 만큼 나누면 해내기 훨씬 쉬워요. 시험 공부를 한다면 한 과목씩, 몇 장씩 잘라서 섭렵한다고 생각하는 거예요. 내가 소화할 수 있는 만큼 해냈다는 성취감은 '보상 회로'를 작동시켜 더 공부하고 싶게 만들어요. 대학교에 다닐 때 저는 '산부인과 두 챕터를 마쳤으니까 다음엔 내과 두 챕터도 해야지'라고 생각하며 공부 계획을 세웠어요. 여러분도 한번 천천히 따라해 보세요.

1. 문제 20개를 푸는 숙제가 있다면 일단 5개를 먼저 풀고 스스로 "수고했어, 잘했어"라고 말해 준다(보상 회로의 활성화). 잠시 쉬다가 또 5개씩 나누어 4번에 걸쳐 푼다.

2. 시험 범위가 100쪽 분량이고 시험까지 14일 남았다면, 하루에 10쪽씩 10일을 공부하고 나머지 4일은 복습한다.

3. 오늘 3시간 공부하기로 했다면, 30분 공부하고 10분 쉬고 다시 30분 공부하는 식으로 시간을 나누어 공부한다. 30분 공부를 하고 나서 "잘했다. 쉬자" 하면서 스스로 휴식을 보상으로 준다. 목표한 공부 시간을 채울 때까지 반복한다.

실패에서 배우는
용기가 필요해

여러분도 하고 싶은 것, 되고 싶은 것이 있을 거예요. 그냥 아무 생각 없이 쉬면서 놀고도 싶고, 반려동물도 기르고 싶고, 해외여행도 가 보고 싶고, 프로게이머, 가수, 축구 선수, 유튜버, 우주 비행사, 선생님 등도 되고 싶고……. 물론 모든 사람들이 원하는 꿈을 다 이루는 것은 아니에요. 하지만 가장 안타까운 건 꿈이 있어도 도전하지 못하고, 도전할 생각도 안 하는 거예요. 기회가 주어졌지만 잡지 못하고 흘려보내는 친구들도 있죠.

꿈을 향해 가지 못하는 데는 저마다 이유가 있을 거예요. 시도했다가 실패하는 경우도 있고, 예기치 않게 사정이 안 좋아졌을 수도 있고, 자신감이 없거나 재능 부족 등 여러 원인이 있겠죠. 여러분은 어떤가요?

제 진료실을 찾는 청소년들은 특히 몇 가지 두드러진 유형이 있습니다.

첫 번째 유형은 자신이 어떤 길을 가고 싶은지, 어떤 인생을 살고 싶은지에 대한 생각 자체가 깊지 않은 경우예요. 이런 친구들은 대체로 자기 확신이 부족해요. 그래서 자신의 뜻을 찾아가기보다 '그냥 편한 길을 택해야 하나? 엄마 아빠가 말해 주는 길로 가면 되겠지?'라고 생각하죠.

누구나 편한 길을 원합니다. 그런데 다른 사람이 정해 준 길로 가기만 하면 정말로 인생이 탄탄대로일까요? 어떤 삶도 어려움을 피할 수는 없어요. 여러분이 갈 길은 분명 직진 코스가 아닐 겁니다. 꼬불꼬불한 길일 때도 있고, 가던 길을 되돌아와야 할 때도 있을 거예요. 도중에 멈춰야 할 때도 있을 거고요. 그래도 너무 일찍 실망하거나 포기하지는 마세요. 아직 여러분에게는 많은 시간이 남아 있으니까요. 그저 자신의 길을 한 걸음씩 찾아가면 돼요. 꾸준히 자기 페이스대로 가고자 하는 길을 가다 보면 결국 삶이 만족스러울 거예요.

두 번째 유형은 실패할까 봐 걱정하는 친구들입니다. 누구나 실패는 두렵죠. 실패할까 봐 두려워 시작조차 못 하는 사람들도 많습니다. 이런 친구들에게 제가 늘 하는 말이 있어요. 어떤 상황도 100퍼센트 좋거나 나쁘지 않다는 겁니다. 인생에는 빛과 그림자가 있기 마련이에요. 얻는 것이 있으면 잃는 것이 있고, 잃는 것이 있으면 얻는 것이 있죠. 실패도 마찬가지예요. 모든 실패가 나쁜 것은 절대 아니에요.

여러분의 오늘은 자신을 발견하는 날입니다. 자신을 더 잘 알수록 하고 싶은 일과 해야 할 일을 더 잘 선택할 수 있어요. 그러니 이런저런 일을 많이 경험해 보고, 실패도 경험해 보아야 해요. 그 과정에서 자신의 능력을 시험해 보고, 향상시키기도 하는 거니까요. 실패를 두려워하며 실패하지 않는 길로만 간다면 삶의 폭은 매우 좁아지지 않겠어요? 그렇게 스스로를 제한하고 가두는 삶을 살고 싶은가요?

여러분이 할 일은 오히려 실패를 통해 배우고, 실패의 경험을 자양분 삼아 더 성장하는 일입니다. 도전하고 실패한 뒤에 다음 단계를 구상해 볼 수 있어요. 실패는 우리가 넘어졌을 때 일어나는 법을 가르쳐 주기도 하죠. 살면서 한 번도 넘어져 보지 않은 사람이 처음 넘어지면 어떨까요? 정말 창피하고, '이번 생은 망했다'고 느낄 수 있어요. 일어나는 연습을 해 본 적이 없으니까요.

발명왕 토머스 에디슨은 전구를 만들기 위한 시도가 만 번이나 실패하자, 주위 사람들의 비웃음을 사기 시작했어요. 그렇게 반복적으로 실패하는 일을 왜 계속하냐고 묻자 에디슨은 이렇게 대답했다고 합니다.

"나는 한 번도 실패한 적이 없다. 안 되는 방법 만 개를 발견했을 뿐이다."

많은 실패의 경험을 통해 더 나은 방법을 찾아 가고 있었다는 거죠. 사업가들 사이에서는 아홉 번은 망해야 한 번 성공한다고 이야기한대요. '실패 정량의 법칙'이란 말이 있을 정도죠. 이렇듯 실패는 필연적인 것이고, 성공으로 가는 통로이기도 합니다. 그러니 성공하는 방법을 고민하되 배우고 성장한다는 자세로 임하면 됩니다.

세 번째 유형은 아직 준비가 안 됐다고 말하는 친구들입니다. 이런 친구들은 완전히 준비가 되면 시작하겠다고 생각해요. 공부를 더 해야 하고, 더 알아봐야 하고, 더 연습해야 한다고 말이죠. 한 친구는 전교 회장 선거에 나가고 싶었지만,

부모님과 의논하는 과정에서 자신이 당선될 만큼 준비가 되지 않았다고 생각해서 포기했다고 합니다. 그런데 과연 우리는 어떤 일에 대한 확신이 들 만큼 완전한 준비를 할 수 있을까요?

저는 젊은이들에게 10퍼센트 정도만 준비되어도 일단 한 발을 내디뎌 보라고 권합니다. 물에 들어가면 수영을 배울 수밖에 없는 것처럼 첫발을 내딛고 나면 다음에 무엇을 해야 할지, 어디로 가야 할지 더 잘 보이기 때문이에요. 기회가 있다면, 준비가 됐는지 안 됐는지 너무 재고만 있지 말고 일단 뛰어들어 보는 것입니다. Go for it! 일단 해 보세요! 준비가 덜된 것은 하면서 배워 나갈 수 있으니까요. 완벽하게 준비됐을 때 도전하기보다는 일단 시작해서 경험해 보세요. 시작이 반이라는 말도 있잖아요. 저는 그 말이 진실에 가깝다고 생각해요.

결국, 꿈을 이루기 위해 필요한 것은 용기인 것 같아요. 미국의 작가이자 인권 운동가인 마야 안젤루는 여러 덕목 가운데 가장 중요한 것은 용기라고 말했어요. 아무리 좋은 가치나 생각이 있다고 해도 용기가 없으면 시도하기 어려울 뿐더러,

지속하기가 어렵기 때문입니다.

흔히 도전에 성공하면 자신감과 용기를 얻고, 실패하면 용기를 잃을 거라고 생각해요. 그렇지만 실제로는 실패를 많이 해 본 사람이 더 용감하게 도전해요. 그 사람은 여러 실패의 경험으로부터 넘어져도 다시 일어나는 방법을 터득했기 때문이에요. 또 그런 사람이 결국 더 크게 성취하는 경우가 많죠.

이런 말을 하는 친구들이 있어요.

"저는 천성이 겁이 많아요. 어떻게 없는 용기를 내요?"

저는 이런 친구들에게 이렇게 말해 줍니다.

"실패해도 된다고 자신에게 허락해 주세요."

그리고 부모에게는 자녀에게 "실패를 장려해 주세요"라고 말해요.

실패가 무조건 피해야 하는 나쁜 것이라는 생각을 버리세요. 저는 한국에서 레지던트 시험에 떨어지는 바람에 미국에 오게 되었어요. 그리고 이전에는 상상해 보지 못한 여러 기회를 얻었습니다. 실패를 해 봐야 자신에 대해 더 알게 되고, 또 그로써 성장할 수 있다는 것을 기억하세요.

미국의 여성 속옷 회사 사장인 사라 블레이클리는 자수성가

한 억만장자입니다. 사라가 어렸을 때 아버지가 항상 이렇게 물었대요.

"이번 주에는 어떤 실패를 했니?"

그러고는 실패한 것이 없다고 말하면 실망했다고 해요. "자전거 타다가 넘어졌어요" "선거 나갔는데 떨어졌어요" 하고 실패한 것을 말하면 오히려 잘했다고 칭찬해 줬고요. 실패할 수 있는데도 도전했다는 것을 크게 칭찬한 거죠. 그러다 보니 그녀는 실패는 자연스러운 것이고, 실패할 수 있다는 것을 알면서도 도전하는 것이 용감한 일이라는 인식을 머릿속 깊이 갖게 된 거예요. 그래서 그녀는 과감하게 사업에 도전했고, 결국 거대한 회사를 일구어 냈어요.

친구들끼리도 이렇게 연습해 보면 어때요?

"너는 이번 주에 실패한 게 뭐야?"

"응, 나 태권도 파란띠 시험에 떨어졌어."

"와, 너는 그런 것도 해? 대단하다! 나는 케이크 만들어 보려고 했는데 떡이 됐어."

"정말? 다음번에는 성공할 수 있을 거야. 다음엔 나도 같이 하자."

이렇게 말이에요.

영국의 시인 길버트 체스터턴은 "그것이 나에게 가치 있는 일이라면 잘하지 못하더라도 할 가치가 있다"라고 했습니다. 어떤 일을 잘 해내지 못했다고 해서 그 일을 가치 없다고 봐서는 안 된다는 거죠. 할 가치가 있는 일이라면 해 보았다는 것 자체만으로도, 그 과정만으로도 가치가 있다는 거예요. 하면서 힘들었던 경험들이 쌓여 결국 자기 성장과 성공의 밑바탕이 되기도 하고요. 그러니 하고 싶은 일이 있다면, 잘 못할 것 같더라도 한번 달려들어 보는 거예요! 하고 싶은 일에 용기 있게 도전한다는 것 자체가 아름답고 가치 있는 일이니까요.

2 당당하게, 나답게

내 안의 특별함이
내 길을 밝혀 줄 거야

사람의 재능과 능력은 타고난 것과 학습한 것이 합쳐진 결과예요. 개중에는 타고난 재능이 우수한 사람도 있고, 피나는 연습과 끈기로 뛰어난 전문가가 되는 사람도 있겠죠. 여기서 중요한 건 내가 무엇에 흥미를 느끼고 무엇을 잘하는지 아는 거예요. 그래야 하고자 하는 일을 선택할 수 있고, 그 일을 더 잘할 수 있어요.

한 분야의 전문가가 되려면 지식을 쌓고 기술을 익히는 데 많은 시간을 쏟아야 해요. 이때 흥미가 있고 좋아하는 일이라면, 비록 그 과정이 힘들지라도 보람과 재미가 있을 거예요. 저는 정신과 의사가 되기까지 의과대학 6년, 인턴 1년, 재수

1년, 연구 1년, 레지던트 5년이라는 시간이 걸렸어요(총 14년). 힘든 과정의 연속이었지만, 제가 진정으로 원해서 선택한 길이었기에 매 과정이 신났고, 또 의미도 있었어요.

핵심은 바로 '내 길'을 잘 찾는 거예요. 청소년을 만나 보면 장점과 단점이 천차만별로 드러나요. 수학적 개념이 좋은 친구, 말이나 글을 잘 이해하는 친구, 음악이나 미술에 소질이 있는 친구, 손기술이 빼어난 친구, 사회성이 발달한 친구, 창의성이 높은 친구, 공간 지각력이 좋은 친구, 기억력이 뛰어난 친구, 시각적인 감각이 발달한 친구, 청각 능력이 뛰어난 친구 등 저마다의 장점이 있죠.

저는 학교에 다닐 때 수학과 과학을 좋아했어요. 반대로 사회나 역사는 도통 머리에 잘 들어오지 않았고요. 그래서 과학 분야인 의학이 제게는 잘 맞았죠. 그런데 의대생이 되어 해부학 수업을 들어 보니 너무 어려워서 학점을 못 받을 뻔한 적이 있어요. 저의 치명적인 단점은 기억력이거든요. 의사가 된 것이 놀라울 정도로 저는 기억력이 좋지 못해요. 남편은 제가 여태까지 큰 사고 없이 진료를 본 게 기적이라고 말할 정도예요.

앞서 말한 나무 타는 물고기를 떠올려 보세요. 물고기는 나무가 아니라 물을 만나야 하듯, 여러분도 맘껏 헤엄칠 수 있는 자신의 영역을 찾아야 해요. '천재성'은 학문이나 기술적인 부분에서만 나타나는 게 아니에요. 사람을 끄는 능력, 이타적인 성품, 소통 능력, 공감 능력, 유머 감각 등도 엄청난 재능이에요. 내가 가진 능력이 하찮아 보이더라도 끊임없이 관심을 가지고 발전시켜 보면 어떨까요?

요즘 많은 청소년이 게임을 좋아하죠. 게임을 열심히 연마해서 프로게이머가 되고 싶은 친구도 분명 있을 거예요. 요즘은 게임이 'e-스포츠'라고 불리며 다른 스포츠 종목처럼 선수를 양성하는 학교도 있다고 하잖아요. 월등한 청소년 선수들은 대학교에서 장학금을 주며 입학을 권하기도 하고요. 그렇지만 혹시 게임을 하는 이유가 게임 외에 다른 재미있는 것이 전혀 없고, 너무 심한 학업 스트레스 때문에 그저 쉬고 싶어서 그런 건 아닌지 한번 생각해 보세요. 만약 그런 상황이라면 여러분이 게임보다 더 좋아하는 게 어딘가에 있을 수도 있어요. 자신의 취미나 흥미를 잘 찾아보고, 그쪽 방면으로 조금 더 애써 보는 것도 좋은 방법이에요.

'이강빈'이라는 이름을 들어 봤나요? 그는 커피 위에 거품으로 그림을 그리는 바리스타예요. 이런 그림을 크리마트라고 하는데, 전 세계적으로 뉴스에 보도되기도 했죠. 거품으로 만든 그림은 금세 사라지지만, 사진은 오래도록 남아요. 그의 거품 그림은 인스타그램에 사진이 올라오면서 유명해졌어요. 이제 그는 수십만의 팔로워를 가진 인플루언서이자, 크리마트 기술을 가르치는 아티스트가 되었죠.

변남석 작가는 돌을 쌓아 올리는 것이 재미있어 취미로만 즐기다가, 점점 숙련되면서 새로운 분야를 개척했어요. 이제는 수족관 탱크, 오토바이, 사람이 앉아 있는 의자 등 다양한 사물들로 균형 잡는 공연을 하는 밸런싱 아티스트가 되었답니다. 중동 왕실에 초대받아 공연을 하기도 했고, 유명한 TV 프로그램 〈유퀴즈 온 더 블록〉에 출연해 솜씨를 보여 주기도 했죠.

조 웨일이라는 소년은 영국에서 '낙서쟁이 아이(The doodle boy)'로 유명하죠. 조는 어렸을 때 공부에는 통 관심이 없고 공책에 늘 낙서만 해서 선생님한테 꾸중을 듣곤 했어요. 부모님도 걱정이 쌓여 갔죠. 그러던 어느 날, 조의 미술 선생님은 그의 낙서를 인스타그램에 올렸어요. 조의 재능을 혼자만 보기에는 너무 아까웠거든요. 낙서들은 순식간에 화제가 되었고, 조는 예술성을 인정받는 화가가 되었어요. 조의 독특한 낙서 그림은 항상 인기입니다. 조는 열세 살 소년이지만 이미 여러 권의 그림책을 출간한 작가이기도 하답니다! 대단하죠? 수업도 제대로 듣지 않는 골칫덩이 낙서쟁이가 이렇게 될 줄 누가 알았을까요?

다음 세대에게 필요한 재능은 아마도 지금까지와는 다를 거예요. 변화무쌍한 시대에 틈새를 발견하고 집중적으로 파고든 사람이 큰 성과를 내고 크게 성취하는 것을 심심찮게 볼 수 있어요. 그들의 성공은 우리가 전통적으로 믿었던 기존의 성공 방법과는 많이 다르죠.

좋아하고 잘하는 것을 하면서 그 분야에서 월등해져 그것으로 잘살 수 있다니 너무 꿈 같나요? '잘산다'는 건 무엇일까요? 아마 그 정의는 사람마다 다를 거예요. '좋아하는 일을 하면서 상품이나 서비스 등의 가치를 창출하고, 이를 통해 삶을 풍요롭게 꾸려 가는 것'이라고 표현할 수도 있겠죠. 지금 같은 글로벌 사회에서는 특이한 재능이라도 세상 어딘가에 가치를 알아봐 줄 사람이 있기 마련이에요. 도롱뇽을 정말 좋아한다면 뛰어난 도롱뇽 전문가가 될 수도 있어요. 전 세계 박물관이나 동물원, 마니아들에게 도롱뇽에 관한 고급 정보를 제공하는 권위자가 될 수 있는 거죠.

성인이 될 때까지 하고 싶은 일이 계속 바뀌더라도 너무 걱정하지 마세요. 관심 있는 것을 계속 따라가다 보면 여러 경험과 지식이 쌓이고 모여서 나를 이루는 탄탄한 밑바탕이 될 수 있어요. 공룡이 좋았다가 도롱뇽이 좋았다가 생물학이 좋아져서 수의사가 될 수도 있고, 빵 만드는 것이 좋았다가 디자인에 관심이 생겨 예쁜 컵 케이크를 디자인하고 전시하는 스페셜리스트가 될 수도 있어요. 여러분의 관심과 지식은 나중에 다재다능한 전문가가 되는 기초가 될 거예요. 그러니까 자신의 관심과 흥미를 표현하고 탐구해 나가면 분명 멋진 사람이 될 수 있어요.

이제는 원하는 정보를 쉽게 얻을 수 있어요. 누구든 필요한 지식과 기술을 인터넷을 이용해 비교적 손쉽게 배울 수 있죠.

또 4차 산업혁명으로 많은 기술이 자동화, 기계화되고 있습니다. 앞으로 일반적인 기술이나 재능은 그 가치가 점점 떨어질 거예요. 흔치 않은 재능과 기술이 더 새롭게 느껴지고, 더 많은 관심과 수요를 불러일으키는 시대가 오고 있죠.

그러니 남들은 다 하는 일을 나는 못 한다고 실망하지 마세요. 그보다는 쓸모없어 보이거나 특이하더라도 내가 관심 있고 잘하는 일을 찾아 발전시켜 보는 건 어떨까요? 그것이 진정성 있는 자신의 모습을 발견하는 길이기도 하니까요. 라이프 코치, 유튜버, 프로게이머 등 수십 년 전에는 없던 직업이 생겨난 것처럼, 다음 세대에는 예상하지 못한 특별한 재능이 더 귀하게 쓰일 수 있습니다. 최근에는 SNS가 발달한 덕분에 특이한 재능, 흥미로운 발견들이 인기와 수익으로 이어지는 경우가 꽤 많아요. 자신만의 강점과 재능을 직업으로 삼을 수도 있는 세상이 온 거죠.

좋아하는 일을 하면서 사는 것이 여러분의 꿈이 되었으면 좋겠습니다. '돈'이나 '성공'이 아닌 자신을 충분히 표현하면서 살아가는 것, 즉 자기실현이 목적이 되는 거죠. 내가 잘하는 것, 좋아하는 것을 꾸준히 하다 보면 돈이나 성공은 자연스럽게 따라올 수 있어요.

돈과 성공만을 향해 아이들을 몰고 가는 사회적 분위기가 저는 참 안타까워요. 자기실현을 목표로 하는 삶은 매우 의미 있고 중요하다는 걸 여러분이 잊지 말았으면 좋겠어요. 그래서 모든 청소년이 자신만의 '천재성'을 찾아내고, 그 재능을 살려서 물 만난 물고기처럼 신나게 살 수 있기를 바라요. 물론 모든 일에는 끈기와 노력이 필요합니다. 그렇지만 좋아하는 일을 하며 삶을 즐길 수 있다면, 앞으로 걸어가는 길은 훨씬 행복하고 재미있을 거라 믿어요.

내 모습 그대로
행복한 삶

제가 미국에서 정신과 의사 생활을 처음 시작한 건 20년 전
이에요. 그때 저는 영어가 부족해서 틀린 표현도 많이 쓰고 환
자의 말도 잘 못 알아들어서 늘 버벅거렸어요. '내가 과연 좋
은 의사가 될 수 있을까?' 걱정도 많이 했죠. 그런데 다행히 환
자들은 제가 비록 어둔하지만 진심으로 그들을 돕고자 한다
는 것을 알아주었어요. 고맙게도 저를 좋은 의사라고 말해 주
었죠.

이렇게 다른 나라에서 정신과 의사로 살면서 깨달은 것이
있습니다. 사람은 어디에 살건, 누구건 비슷한 감정을 가지고
있다는 거예요. 그리고 정신과 의사로서 수많은 사람을 만나

고, 그들을 이해하려고 할수록 확실히 느껴요. '우리는 모두 다르다'는 것을요. 방금 누구든 같은 감정을 가지고 있다고 말하지 않았냐고요? 네, 맞아요. 기쁨, 행복, 슬픔, 우울, 불안 등의 감정 자체는 비슷하지만, 이를 느끼는 상황과 그에 대한 반응은 각자 다를 수 있다는 말이에요. 이런 차이는 서로 다르게 타고난 기질과 각자 살아온 환경의 영향으로 나타나요. 저에게 오는 환자 중에 같은 병명을 진단받은 사람들도 다양한 원인을 가지고 조금씩 다른 증상을 호소한답니다.

한국은 예로부터 단일 민족이라는 특성 때문인지, 생김새가 비슷하기 때문인지, 서로 다 비슷하다는 생각을 특히나 많이 하는 것 같아요. 반면에 다양한 인종과 수많은 이민자가 섞여 살아가는 미국은 '다 같다'는 관념이 훨씬 적어요. 키나 몸무게 분포도 엄청나게 넓어서 웬만큼 작거나 크지 않고서는 특별한 축에도 들지 않아요.

한국에 살 때 저는 제 키가 작다고 생각했어요. 대부분 저보다 큰 사람들 사이에서 생활했거든요. 그래서 제 키가 작다는 것이 늘 눈에 띄었죠. 그런데 미국에 와 보니 저보다 큰 사람도 많지만, 작은 사람도 많아요. 그래서 제가 '보통 키'보다 작다는 생각이 아예 들지 않아요. 워낙 다양하니까 '보통 키'라는 개념 자체가 애매한 거죠. 여러분도 익히 알고 있는 브루노 마스, 톰 크루즈, 내털리 포트먼, 리스 위더스푼 등 세계적으로 유명한 사람 중에도 한국 기준으로 보면 키가 작은 사람이 많습니다.

그런데 한국에서는 키를 매우 중요하게 생각하는 것 같아요. 아이가 밥을 잘 먹을 수 있게 신경 쓰고, 각종 키 크는 영양제도 많이 출시되죠. 하지만 생각해 보세요. 온 세상 사람의 키는 정말 천차만별이잖아요. 그중에서 내 키가 얼마나 큰지 혹은 작은지가 과연 중요할까요? 내 키가 작다고 주눅들 필요도, 큰 키를 동경할 필요도 없어요.

외모도 마찬가지예요. 한국에는 눈의 크기, 코의 모양, 턱선, 헤어 라인까지 선호하는 기준이 존재하는 것 같아요. 요즘 한국에서는 동그란 헤어라인을 더 예쁘다고 생각하는 경향이 있더라고요. 그런데 전 세계적으로 그런 헤어라인을 가지고 태어나는 사람이 얼마나 될까요? 실제로는 약 20퍼센트 정도에 불과하다고 해요. 그럼에도 불구하고 나머지 80퍼센트의 사람들은 그 20퍼센트에 기준을 두고 자신을 기준에 맞추고 싫어 하죠. 참 이상하지 않나요?

저는 아름다움에는 특별한 기준이 없다고 생각해요. 사람마다 성향이 다르듯 좋아하는 것도, 아름답다고 생각하는 것도 각자 조금씩 다르기 마련이잖아요. 그러니 100명의 사람이 있다면 100가지 아름다움이 있는 셈이죠. 그렇다면 아름다움에 정해진 기준은 무의미하지 않을까요? 만약 어떤 기준에 맞춰진 획일화된 아름다움만 가득하다면 아마도 세상은 지금처럼 다채롭지 못할 거예요. 다양한 외모가 공존하는 더 넓은 세계로 눈을 돌려 보세요. 개성 있고 나다울 때 가장 아름다워 보인답니다.

청소년기에는 외모에 신경을 많이 쓰기 마련이에요. 그래서 내 외모가 좋지 않다는 생각 때문에 자존감이 떨어지는 경우도 있고, 외모 콤플렉스가 생기기도 하죠. 물론 외모가 첫인상에 영향을 줄 수는 있어요. 하지만 지속적으로 관계를 맺다 보면 외모보다 더 마음을 끄는 그 사람의 좋은 성품이나 다른 장점을 알게 돼요.

여러분과 가장 잘 통하는 친구를 떠올려 보세요. 여러분이 그 친구를 좋아하는 건 외모가 빼어나기 때문인가요? 아마 그렇지 않을 거예요. 저는 저의 다양한 면과 제 모습 그대로를 좋아해 주는 사람들과 만날 때 가장 좋은 시간을 보냈어요. 혹시라도 외모 때문에 자존감이 낮다면, 여러분의 진가를 알아주는 사람을 가까이하면서 조금 더 좋은 사람으로 성장해 가는 데 집중해 보라고 권하고 싶어요.

지금까지 다양한 사람을 만나 보니 관계에서 외적으로 보이는 것보다 더 중요한 것은 진실성(Authenticity)인 것 같아요. 진실한 자신의 모습 그대로를 나타내는 것 말이죠. 진짜 내 모습이 아닌 다른 사람의 기준에 맞추려고 애쓰며 살아가는 사람은 만족감과 행복감이 떨어지고 피곤하기 마련입니다. 나는 세상에 단 하나뿐인 소중한 사람이라는 것을 잊지 마세요. 진심 어린 길을 걸어가는 삶이 결국 진실한 삶인 것 같아요.

내 삶을 살아갈 때 가장 방해가 되는 것이 남과 비교하는 거예요. 나와 남을 비교하는 건 의미가 없어요. 모두 저마다 장단점이 있고, 타고난 성격, 재능, 취약점이 다르니까요. 영어 표현에 '사과와 오렌지를 비교한다(Comparing apples and oranges)'는 말이 있습니다. 말 그대로 서로 다른 것을 비교한다는 뜻인데요. 다른 것끼리 아무리 비교해 봤자 제대로 비교할 수 없어요. 사과는 사과와, 오렌지는 오렌지와 비교해야 하죠. 그러니 남과 비교하느라 시간과 에너지를 낭비하지 말고 온전히 나에게 집중해 보세요. 어제보다 오늘 조금 더 성장하고 있다면 정말 잘하고 있는 거예요. 나의 장점을 개발하고 단점을 보듬으면서 가고자 하는 방향으로 나아가면 돼요.

세상은 하나의 역할을 두고 여러 배우가 서로 경쟁하는 무대가 아니에요. 수많은 배우가 함께 완성해 나가는 커다란 무대예요. 그러니 자신에게 주어진 재능으로 하고자 하는 일에 최선을 다하면 되는 거예요. 그 속에서 서로 돕고 존중하는 관계를 만들어 가면 우리의 삶이 행복해진답니다.

정답도 오답도 없다

"내 인생은 이미 다 정해져 있어. 앞이 훤히 보여"라고 말할 수 있는 사람이 과연 있을까요? 신이 아니고서야 그럴 수 없죠. 5년 전쯤, 저는 갑자기 시작된 원인 모를 두통과 어지럼증, 구역질 때문에 매일 눈물이 날 만큼 힘든 시간을 보낸 적이 있어요. 인생이란 정말 한 치 앞도 내다보기 어려워요. 도전과 모험을 좋아하던 제가 갑자기 병든 병아리마냥 앓아눕게 되다니…….

제가 진단받은 병은 자율신경계장애와 만성피로증후군이에요. 자율신경계의 균형이 무너져 마치 목숨을 건 긴급한 상황을 맞닥뜨린 듯 시도 때도 없이 심장이 뛰고 가슴이 갑갑해졌어요. 병적인 피로감이 몰려오고, 두통과 어지러움 탓에 잠시 앉아 있기도 어려워서 일상생활이 힘겨웠죠.

또 저의 만성피로증후군은 조금만 몸을 움직이거나 머리를 써도 에너지가 금세 소진되는 병이에요. 오래된 휴대폰은 배터리가 부실해지는 거 알죠? 충전해도 금방 방전돼 버리잖아요. 제 몸도 마치 오래된 배터리처럼 잘 충전되지도 않고 금방 방전되고 말았어요. 10퍼센트밖에 안 남은 아슬아슬한 배터리로 하루를 버티는 것 같았죠.

약물 치료를 비롯해서 여러 치료를 받았지만 크게 좋아지지 않았어요. 게다가 쉽게 가시지 않는 고통은 곧 서러움과 억울함으로 바뀌더라고요.

'이제껏 많은 것을 포기하고 좋은 의사, 교수가 되기 위해 열심히 살아왔는데, 이게 뭐야? 온갖 치료를 하는데도 왜 호전은커녕 더 악화되는 거지?'

결국 저의 정체성이라고도 할 수 있는 '의사'로서의 일을 멈춰야 했을 때는 정말 혼란스럽고 절망적이었어요. 남은 인생을 어떻게 살아야 할지 무척 걱정스러웠죠. 그동안 일궈 온 저의 모든 능력을 병이 다 거두어 간 것만 같았어요. 게다가 생각도 많고, 말도 많고, 하는 일도 많고, 친구도 많은 제게 한순간에 모든 것을 잃은 것 같은 정신적 공허함은 견디기 어려웠어요.

그 즈음 저는 의사의 권유로 명상을 시작했어요. 명상에서 맨 처음에 배우는 것은 심호흡이에요. 의도적으로 찬찬히 깊은 호흡을 하면 몸이 편안해지는 것을 느낄 수 있어요. 그렇게 편안해진 몸은 맹수를 눈앞에 둔 것처럼 정신 못 차리고 과잉 반응을 하는 자율신경계에게 신호를 보내요. "이봐, 지금은 위험한 상황이 아냐. 평온하다고. 그러니 진정해도 돼" 하고요. 그러면 정말 증상이 스르르 가라앉아요. 빠르게 뛰던 심장박동이 느려지면서 가슴이 조이는 것 같은 증상도 점차 나아지고요. 연습할수록 호흡과 명상이 주는 효과가 약물보다 빠르고 좋더라고요. 몸과 마음을 스스로 평온하게 만드는 인생 꿀팁을 배운 거예요.

늘 바쁘게 초고속으로 달리던 제가 그때 병 때문에 강제로라도 쉴 수 있었다는 사실에 지금은 오히려 감사해요. 잠시 멈춰서 삶을 돌아볼 기회를 주었으니까요. 의사가 아닌 환자로 남겨진 '나'에 대한 깊은 성찰은 저에게 새로운 삶의 의미와 가능성을 보여 주었어요. 오직 생각하고 읽고 쓰는 것 말고는 무엇도 할 수 없는 암담한 상황이 아이러니하게도 '작가'라는 새로운 정체성을 선물해 주었거든요. 저에게 있어 글을 쓰는 일은 병원에서 환자의 아픔을 치유하는 것만큼 보람 있는 일이에요. 좋은 책을 쓰면 훨씬 더 많은 사람을 도울 수도 있으니까요. 이렇게 제 인생에서 가장 서글프고 힘들었던 시기는 되레 값진 경험과 배움을 얻게 해 준 셈이에요.

하루하루, 한 단계 한 단계 할 수 있는 만큼 최선을 다하는 것이 우리의 역할이지만, 그 결과는 예상과 다를 수 있어요. 그렇다고 절망할 필요는 없어요. '새옹지마(塞翁之馬)'라는 말 알죠?

중국 변방에 한 노인이 아들과 살았는데, 하루는 키우던 값비싼 말이 없어졌어요. 다들 안됐다, 어쩌냐 하며 위로해 주었는데, 노인은 "글쎄, 이 일이 복이 될지도 모르죠"라고 말했답니다. 사라진 말은 어느 날 야생마 한 마리를 데리고 돌아왔어요. 그래서 다들 부자가 됐다며 노인을 축하했는데, 노인은 "글쎄요, 이 일이 화가 될지도 모르죠"라고 했어요. 얼마 뒤 노인의 아들이 야생마를 타다가 떨어졌어요. 아들은 다리를 다쳐 절름발이가 되었습니다. 다들 또 위로를 하자, 노인은 이번에도 "글쎄요, 이 일이 또 복이 될지도 모르죠"라고 말했어요. 그 즈음 건장한 젊은이들이 전쟁터에 끌려가서 전투를 벌이

다 죽었는데, 노인의 아들은 다리가 성하지 않은 탓에 끌려가지 않아 살아남았다는 이야기예요.

선택의 순간에 어떤 것이 더 좋은 결과를 가져올지 정확하게 예측할 수 없을 때가 더 많아요. 나쁜 일이라고 생각했던 것이 나중에 더 좋은 결과를 가져올 수도 있고, 좋은 일이라고 여겼던 것이 오히려 안 좋은 결과를 가지고 올 수도 있죠.

여러분에게 꼭 해 주고 싶은 말은 '인생에 정답은 없다'는 것입니다. 길은 하나만 있는 게 아니에요. 꼭 맞거나 틀린 길도 없죠. 어차피 미래는 누구도 모릅니다. 그러니 미리 속단하지 마세요. 중요한 것은 내가 진심으로 가고자 하는 곳을 향해 나아가며 그 과정을 만끽하는 마음가짐이에요. 나에게 의미 있다면, 그리고 남에게 피해를 주는 일이 아니라면 마음이 흐르는 대로 나만의 답을 만들어 보는 것도 괜찮지 않을까요?

나는 가치 있는
사람이야

저는 명상과 호흡을 가르칠 때 이 말을 되뇌라고 권해요.

"나는 가치 있는 사람이다(I'm worthy)."

천천히 호흡을 내쉬면서 자신에게 이야기해 주는 거예요. 꼭 입으로 소리 내지 않아도 됩니다.

놀랍게도 많은 사람이 '나는 가치 없는 사람이다'라고 생각해요. 자신을 가치 없다고 생각하는 사람이 진심으로 행복할 수 있을까요?

놀이터에서 두 사람이 시소를 탄다고 생각해 보세요. 서로 비슷한 몸무게를 가졌다면 아마 두 사람은 아주 즐겁게 시소놀이를 할 수 있을 거예요.

하지만 두 사람의 몸무게가 많이 차이 난다면 어떨까요? 더 무거운 쪽으로 시소가 기울어져 쉽게 움직이지 않을 거예요. 몸무게가 가벼운 사람은 땅에 닿으려고 발버둥을 치고 안간힘을 쓸 수밖에 없죠. 그런 시소 놀이는 누군가에게는 즐겁기보다 버겁고 힘겨운 일일 거예요.

이처럼 누군가와의 관계에서 한쪽으로만 기울어진다면 그건 건강한 관계가 아니에요. 두 사람이 시소에 올라탄다면 어느 한쪽으로 기울어지지 않고 평등해야 합니다. 만약 한쪽에 내가 앉았을 때 시소가 반대편으로 기울어진다면, 그 사람은 나보다 더 가치 있는 사람일까요? 그럼 나보다 가치 있다고 생각하는 사람은 누구인가요? 부모님이나 선생님? 친구? 혹은 여자 친구나 남자 친구?

그런데 여러분, 여기서 꼭 명심해야 할 것이 있어요. 그 누구도 '나'보다 가치를 크게 두면 안 된다는 거예요. 자신의 가치를 남과 비교하여 스스로 가볍게 생각해서는 안 되죠. 혹시라도 둘 중 한 사람을 더 존중해야 한다면 그건 '나'여야 해요. 다른 사람이 아닌 자신을 더 존중할 수 있어야 합니다.

내 인생의 주인공은 바로 '나'여야 해요. 내가 아닌 남에게 더 큰 가치를 부여하고 내 생각과 의견, 시간과 에너지를 일방적으로 희생하지 말기를 바라요.

내 가치가 남보다 낮다고 생각하고 행동하는 사람은 자신의 생각과 의견을 잘 표현하지 못해요. 특히 상대방의 기분을 상하게 만들까 봐 걱정하고, 갈등이나 불편한 감정을 회피하려고 양보하기 쉽죠.

그런데 대부분의 사람은 자기 보호 본능이 있어서 자연스레 자신을 위한 선택을 합니다. 그런 사람들 틈에서 남의 기분을 신경 쓰고, 남을 더 위하는 사람은 엄청난 감정 노동을 할 수밖에 없어요. 상대의 감정, 기분, 의도를 파악하고 그가 무엇을 원하는지 계속 살피고, 그 사람에게 맞추려고 노력해야 하니까요. 이런 감정 노동을 지속적으로 하다 보면 스트레스와 긴장, 불안 증상에 시달릴 수 있어요. 남의 눈치를 보는 데서 오는 스트레스도 있지만, 내 감정과 생각을 잘 표현하지 못해서 생기는 스트레스도 크답니다. 속으로 끙끙 앓으며 마음을 밖으로 내보이지 않는 사람은 정신적으로 힘들기 마련이에요.

나보다 남을 더 소중히 여겨서 양보만 하는 상황을 생각해보세요. 그 사람도 나에게 고마워하며 나를 존중해 주면 좋겠지만, 아마 그렇지 않을 때가 더 많을 거예요. 그래서 요즘 "호의가 계속되면 권리인 줄 안다"는 말도 자주 쓰죠. 여러분도 혹시 친구 사이에서 비슷한 경험을 해 본 적 있나요? 상대방을 귀하게 대하고 나를 낮출수록 상대방은 점점 자신은 왕이며 여러분을 시종이라고 생각하게 되는 경우요.

양보와 배려를 당연한 것으로만 여기고 상대방을 존중해 주지 않는 사람이 이기적이라고 생각하나요? 그 말도 맞아요. 하지만 늘 다른 사람 눈치를 보며 자신을 낮추는 행동은 '네가 나보다 귀해. 나를 아랫사람처럼 대해도 괜찮아'라는 메시지로 전달될 수 있어요. 여러분의 친구 관계를 한번 들여다보세요. 무엇이든 양보하고 스스로 자신의 가치를 낮추는 친구가 있지는 않은지, 양보를 받은 친구가 양보하는 친구를 위에서 내려다보며 하인 대하듯 하지는 않는지 말이에요. 영어 표현에는 "다른 사람이 너를 어떻게 대할지는 네가 가르쳐 주는 것이다(You teach people how to treat you)"라는 말이 있습니다. 자신을 스스로 귀하게 여기지 않으면 다른 사람에게 그렇게 가르쳐 주는 결과를 낳을 수 있어요.

그러니 친구가 실망하거나 조금 기분 나빠 하더라도 내 생각을 솔직히 말하고, 의견이나 의도를 잘 설명하는 것이 중요해요. 이런 태도는 오히려 친구로부터 존중받는 계기를 만들어 주기도 하죠. 물론 여러분이 걱정하는 것처럼 친구가 기분 나빠 할 수도 있어요. 하지만 남의 기분을 상하지 않게 하려고 내 기분이 상한 것을 계속 내버려 둔다면, 그건 과연 자신을 존중하는 일일까요? 이렇게 자신을 존중하지 않고 남의 비위만 맞추며 살다 보면, 굳은살이 박인 것처럼 나의 생각과 감정에는 무감각해질 수 있답니다. 그렇게 되지 않도록 여러분은 자신의 의견과 생각을 조리 있고 차분하게 표현할 줄 알아야해요. 불편한 감정을 피하기 위해 내가 존중받지 못하는 상황을 선택하진 마세요.

닥터 지와 함께 Let's do it!

나는 가치 있는 사람이야(I'm worthy)!

1. 조용한 곳으로 자리를 옮긴다(예 자기 방이나 화장실 거울 앞).

2. 가슴에 손을 얹고 4-2-4 심호흡을 하면서 숨을 내쉴 때마다 차분하게 "나는 가치 있는 사람이야"라고 말한다.

3. 세상이 뭐라든, 남들이 뭐라든, 나는 절대적으로 존엄한 가치를 지닌 사람임을 가슴에 새긴다.

4. 세상에서 내가 가장 가치 있게 여겨야 하는 사람은 '나'라는 것을 기억한다.

5. 내가 가치 있는 것처럼 우리는 모두 존엄한 가치가 있으므로 서로 존중하는 마음을 갖는다.

내 삶에
길잡이가 있다면

의사로 살아가다 보면 셀 수 없이 많은 환자를 보게 됩니다. 의과대학 시절부터 아주 오랜 시간을 공부했지만, 교과서나 논문에는 눈앞에 있는 환자를 도와줄 방법이 나와 있지 않을 때가 많아요. 그럼 어떻게 할까요? 이때 의사에게 길잡이가 되어 주는 건 바로 '자율성 존중, 악행 금지, 선행, 정의'라는 네 가지 의료 윤리 원칙이에요. 환자의 의견을 존중하며, 환자에게 이익이 되는 일을 하고, 해가 되는 일은 하지 않으며, 정의롭고 공정하게 의료 행위를 해야 한다는 뜻이에요. 어렵고 답이 안 보이는 상황일수록 저는 이 원칙을 되새겨요. 그리고 환자를 위한 최선의 판단을 내립니다.

여러분에게도 살아가면서 풀어야 할 문제가 있거나 중요한 결정을 해야 할 때 길잡이가 있다면 도움이 될 거예요. 깜깜한 밤에 길을 잃은 사람들에게 길잡이가 되어 주는 북극성처럼요. 인생에는 원래 정답이 없잖아요. 그러니 더더욱 방향성을 제시해 주는 북극성 같은 빛이 필요합니다. 여러분에게 그런 빛이 되어 줄 네 가지 가치를 알려 드릴게요. 바로 '정직, 성실, 배려, 기여'입니다. 이미 너무 많이 들어 온 것들이라 김빠진다고요? 지금은 '에이, 뭐야' 하는 생각이 들 수 있어요. 하지만 이 가치들은 여러분을 더 나은 곳으로 이끌어 줄 수 있어요.

미국의 자산가 워렌 버핏은 역사상 가장 뛰어난 투자가라고 불려요. 그가 함께 일할 사람을 뽑을 때 보는 세 가지 'I'가 있어요. 지혜(Intelligence), 주도성(Initiative), 신뢰성(Integrity)입니다. 이 중에서 버핏이 가장 중요하게 생각하는 것은 신뢰성이에요. 버핏은 "지혜와 주도성이 뛰어나도 신뢰성이 부족한 사람을 쓰는 것은 망하는 길이다"라고 말했어요.

생각해 보세요. 특별히 똑똑하고 일을 주도적으로 잘하는 사람이지만 신뢰성이 꽝이라면 어떨까요? 그 사람은 어쩌면 세기의 도둑이나 부패한 정치인이 될 수도 있지 않겠어요? 어른들이 왜 거짓말이 제일 나쁘다고 하는지 이제 조금 이해가 되죠? 결국 '정직'하고 신뢰 있는 사람에게 더 많은 길이 열린답니다.

　두 번째로 중요한 가치는 여러분도 많이 들어 왔던 '성실'이에요. 그런데 성실을 이야기할 때 꼭 빼놓을 수 없는 것이 내가 맡은 일에는 최선을 다한다는 책임감이에요. 성실하게 맡은 일을 해내는 사람에게 다음 기회가 또 찾아온답니다.
　여러분도 꿈을 이루기 위해 꾸준히 노력해 보세요. 그러면 매일매일 조금 더 꿈에 가까워질 거예요. 사실 성실하지 않은 사람이 꿈을 이루기는 낙타가 바늘구멍에 들어가는 것만큼 어렵답니다.

　다음으로는 '배려'인데요. 배려는 나뿐만 아니라 다른 사람의 입장도 생각해 주는 것으로, 그 바탕에는 '존중'이 있습니다. 우리 모두가 존중받을 만한 가치가 있는 소중한 사람이에요. 그러니 나를 존중하듯 상대방도 배려하고 존중할 줄 알아야 해요. 나에게만 이익이 되고 남에게는 해가 되는 일은 해선 안 됩니다. 나와 상대에게 모두 이익이 되는 방향으로 서로 배려하면서 살아가야 해요.

요즘에는 많은 기업에서도 남을 배려하지 않고 자기 혼자만 잘하려고 하는 사람보다 다른 팀원과 힘을 합쳐 더 좋은 성과를 내는 사람을 선호한답니다. 이렇게 서로 존중하고 배려한다면 행복도 배가 될 거예요.

끝으로 '기여'는 어렵고 거창한 말이 아니랍니다. '내가 속한 그룹에 보탬이 되는 것'을 뜻해요. 수동적으로 다른 사람이 해 주는 것을 받기만 하는 게 아니고요. 기여의 뜻을 배운 한 어린 친구가 "가족 구성원인데 보탬이 되지 않으면 강아지와 같다"라고 말해서 웃은 적이 있답니다. 이후 그 친구가 부모님에게 "저는 강아지가 되기 싫어요. 제가 할 만한 집안일을 맡겨 주세요"라고 했대요. 지금 여러분은 집에서 가족 구성원으로서 어떤 보탬이 되고 있나요? 혹시 강아지처럼 다른 사람이 많은 것을 해 주고 있지는 않나요?

생각해 보면 한국에서는 '기여'를 중요하게 가르치진 않는 것 같아요. 특히 청소년은 부모님이나 다른 어른들로부터 "다른 것은 내가 다 해 줄 테니 너는 공부만 해라"는 말을 더 많이 들죠. 그런데 미국에서는 어린아이라도 거의 모두가 집에서 맡고 있는 일이 있어요. 쓰레기 버리기, 식기 세척기에 설거지거리를 넣고 빼기, 식탁에 수저와 접시 놓기, 강아지 밥 주기, 빨래통에 빨래 넣기 등이 아이들이 주로 하는 집안일이랍니다. 그래서 미국에서는 소아청소년정신과 첫 면담 질문에 아이가 맡은 집안일이 무엇인지 묻는 항목이 있어요. 게다가 대부분 십 대 때부터 동네에서 아르바이트를 시작해요. 이웃집 아이를 봐 주거나, 잔디를 깎아 주고, 쌓인 눈을 쓸어 주는 등의 일을 하죠.

　어릴 때부터 집안일을 많이 한 사람이 그렇지 않은 사람보다 더 많이 성취한다는 연구 결과가 있어요. 왜 그럴까요? 여러분은 어른이 되면 대부분 어딘가에 속해서 일을 할 거예요. 회사를 예로 들어 볼게요. 같은 회사에 다니는 두 사람이 있다고 상상해 보세요. 한 사람은 수동적으로 시키는 일만 겨우 하는 사람이고, 다른 한 사람은 어떻게 회사에 보탬이 될지 생각하며 찾아서 일하는 사람이에요. 여러분이 그 회사의 사장이라면, 능력을 키울 좋은 기회가 있을 때 둘 중 누구에게 그 기회를 줄까요? 당연히 회사에 보탬이 되려고 노력하는 사람에게 주겠죠?

제 부모님은 봉제공장과 재래시장에서 일했어요. 그래서 저는 방과 후에 늘 부모님의 일과 장사를 도왔죠. 이게 '기여' 를 배우는 조기교육이 된 셈이에요. 남편도 저와 비슷해요. 학 생일 때 몇 년간 식당 서빙 일을 해서 번 돈으로 첫 차를 샀다 고 해요. 비교적 부유한 환경에서 자란 제 주변 친구들도 마찬 가지예요. 그들 중에 자라면서 아르바이트를 안 해 본 친구는 아무도 없어요.

한국에서 "요즘 초등학생 중엔 귤을 못 까는 학생, 씨 있는 포도를 못 먹는 학생이 엄청 많다"는 말을 들었어요. 그런 친 구들은 부모님이 아무것도 하지 말고 공부만 하라고 한 것은 아닌지 걱정스럽더라고요. 하지만 과일 껍질을 벗기는 일은 물론, 자기의 일은 자기가 할 수 있어야 해요.

여러분이 어른이 되면 꼭 이루어야 하는 것이 자립이에요. 그래서 집안일을 비롯하여 자기 몫을 한다는 것은 매우 중요 해요. 가족에게 보탬이 되는 일을 하는 것에서부터 자립심이 길러지기 때문이죠.

그러니 부모님에게 "저도 이제 보탬이 되는 가족 구성원이 되고 싶어요. 앞으로 쓰레기도 버리고, 식탁도 제가 닦을게요" 하고 말해 보는 건 어떨까요? 아마 부모님 눈이 휘둥그레질 거예요. 그리고 여러분을 매우 대견스럽게 바라보실 거고요.

그게 바로 '기여'랍니다. 내가 할 수 있는 일을 스스로 함으로써 주변 사람들을 도와주는 것 말이에요. 기여는 손해 보는 일이 절대 아니에요. 여러분의 능력을 키워 주고, 꿈꾸는 미래로 가는 문을 열어 줄 열쇠랍니다. 실제로 큰 꿈을 이룬 사람들을 살펴보면 '기여'라는 가치를 높게 두고 살아왔어요. 세상은 우리가 기여한 만큼, 그보다 더 크게 보답하기 때문이죠.

이 길로 갈까, 저 길로 갈까 고민하는 순간이 온다면, 제가 알려 드린 네 가지 가치를 떠올리며 하나씩 손가락을 꼽아 보세요. 여러분이 고민하고 있는 일이 정직, 성실, 배려, 기여라는 기준에 맞는지 생각해 보는 거예요. 만약 네 가지 중 맞지 않는 것이 있으면 조금 더 고민해 보거나 주변 사람들과 의논해 보세요. 인생에는 정답도 오답도 없지만, 이 가치들을 길잡이로 삼아 걷다 보면 어느새 당당하고 뿌듯한 여정이 되어 있을 테니까요.

진정한 인싸는
누구일까?

남의 눈치를 보거나 남에게 잘 보이려고 노력한 적이 있나요? 아마도 대부분은 "네"라고 대답할 거예요. 우리는 누구나 남을 의식하며 살아갑니다. 남에게 인정받고 싶은 욕구 때문인데요. 사랑받고 싶은 욕구만큼이나 본능적이고 강한 것이 바로 인정받고 싶은 욕구에요. '친구를 기분 좋게 해 주면 나를 더 좋아해 주겠지, 관계도 훨씬 좋아지겠지' 하는 기대에서 비롯된 행동이 남의 눈치를 보는 것이라고 할 수 있어요.

누구나 친구 관계나 모임에서 매력적인 존재가 되고 싶어해요. 한국에서는 이런 친구들을 '인싸'라고 부르더군요. 하지만 인싸가 되기 위해, 누군가에게 잘 보이기 위해 자신의 진짜 생각과 감정을 숨기고 꾸며 내는 행동은 오래가지 못해요. 결국에는 진실이 드러나죠. 어딘가에 소속되기 위해 나를 바꾸는 것은 내 몸에 맞지 않는 옷을 억지로 입으려고 애쓰는 일과 마찬가지예요. 그렇게 남에게 나를 맞추려고 한다면 그 과정 자체가 심한 정신적 노동이 돼요.

반면에, 나의 진짜 모습을 그대로 인정하고, 공감하고, 좋아해 주는 사람을 만난다면 진정한 소속감을 느낄 수 있어요. 내가 거기에 끼워 맞춰지는 게 아니라, 진짜로 속한다는 느낌이 들죠. 이런 소속감은 우리에게 큰 기쁨과 만족감을 준답니다.

그런데 이런 관계는 흔하지도 않고, 또 쉽게 찾을 수 있는 것도 아니에요. 그래서 진정한 소속감을 찾는 과정은 조금 외로울 수도 있어요. 하지만 이 외로움을 서글퍼하기보다 진정한 나를 찾는 혼자만의 시간이라고 생각해 보면 어떨까요? 스스로 더 진실해지고, 결국 더 행복해지기 위한 연습이라고 생각한다면 오히려 희망적이겠죠?

그렇게 나에 대해서 배우고 깨달으며 나답게 사는 방법을 찾아보는 거예요. 그러면 내 모습 그대로 세상을 좀 더 자유롭고 편하게 살아갈 수 있어요. 또 내 모습 그대로를 좋아해 주는 사람을 찾을 수도 있죠.

세상에는 많은 부류의 사람이 있어요. 자신보다 남을 먼저 생각하고 배려하는 친구 A가 있다고 해 봐요. A 주변에는 두 부류의 친구가 있을 수 있어요. A를 소중한 친구로 생각하고 서로 존중해 주는 B, 그리고 A의 이타적인 행동을 자신에게 유리하게 이용하기만 하는 C를 떠올려 보세요.

C 같은 친구가 곁에 있을 경우, A는 일방적으로 자신이 희생하는 상황을 계속 내버려 두어서는 안 돼요. C의 편의를 위한 존재로 자신의 가치가 낮아지는 것을 막아야 하죠. "저번에는 내가 양보했으니 이번에는 내가 하고 싶은 것을 하면 좋겠어" "네가 그렇게 행동하면 내 기분이 상해. 그러지 말아 줘"라고 말할 수 있어야 서로 존중하는 관계예요. 상대방에게 'No'라고 단호하게 말할 수 있어야 하죠.

그러다 사이가 멀어질까 봐 걱정된다고요? 참된 친구라면, 나를 이해하고 존중해 줄 거예요. 아무리 친한 친구 사이라도 내 마음을 불편하게 한다면 이를 표현하고 적절한 선을 그어야 해요.

그럼에도 계속 선을 넘으면서 나를 존중해 주지 않는 친구를 과연 진정한 친구라고 할 수 있을까요? 그런 사람과는 오히려 거리를 두는 것이 좋습니다. 이것을 저는 '선 긋기'와 '거리 두기'의 앞 글자를 따서 '선거 요법'이라고 불러요. 계속 선을 넘는 사람과 멀어지는 것을 너무 걱정하지 마세요. 세상 모든 사람과 친구가 될 수 없고, 그럴 필요도 없으니까요. 우리는 모두 존중받아야 할 사람입니다.

내가 지나치게 남의 눈치를 많이 보는 것 같나요? 적절한 선거 요법을 쓸 수 있다면 괜찮아요. 모든 성향에는 장단점이 있으니까요. 사실 다른 사람에게 필요한 것을 살피고 남을 위할 줄 아는 사람이 더 성숙한 사람입니다. 섬세하고 관찰력이 뛰어나며 공감 능력이 좋아요. 그래서 간호사, 의사, 상담사, 작가 같은 직업이 잘 어울립니다. 유기견 보호사나 사회복지사, 구호 활동가 등 이타적인 성향을 발휘할 수 있는 직업도 잘 맞겠죠.

찰스 다윈이나 마하트마 간디는 예민하고 섬세한 관찰력으로 인류의 발전에 기여한 사람입니다. 하지만 둘 다 불안과 우울 증상을 겪은 것으로 알려져 있기도 합니다. 이렇듯 모든 성향에는 장점과 단점이 같이 있어요. 그래서 어떤 성향이 좋다 나쁘다 단정할 수 없어요.

자신의 성향이 '나빠서' 더 '좋은' 성향으로 바꿔야겠다는 생각은 큰 도움이 되지 않아요. 나를 있는 그대로 표현하되 장점은 더 살리고 단점은 보완하는 것이 가장 좋은 자세예요.

내 마음을 표현하는 것이 어색하고, 심지어 내 마음을 잘 모르겠다고요? 마음을 아는 데도 훈련이 필요한 법이에요. 자전거 타기에 익숙해지려면 배우고 연습하는 과정이 필요하듯 마음 표현도 꾸준히 연습해야 하죠.

나를 표현하는 연습으로 일기 쓰기나 글쓰기를 편안하게 한번 해 보세요. 누가 볼 걱정도 없으니까 아무 눈치 보지 말고 자신의 생각이나 느낌을 죽 적어 보는 거예요. 혼잣말로 마음을 표현하는 연습을 해 보는 것도 좋아요.

"오늘 기분은 어땠어?"

"가장 좋았던 일이 뭐야? 왜 좋았어?"

"가장 싫었던 일은 뭐야? 왜 싫었어?"

"내가 진정으로 하고 싶은 일이 뭐야? 왜 하고 싶어?"

이런 질문들에 반복해서 대답하다 보면, 마음속 깊숙이 숨어 있는 생각과 감정을 들여다볼 수 있는 기회가 생겨요. 그런 과정을 통해 진정한 나를 만나고, 또 진실하게 표현하는 능력을 키울 수 있답니다.

나를 잘 알아야 진짜 내 모습으로 있어도 좋은 관계를 찾을 수 있어요. 내가 먼저 나를 알고, 받아들이고, 사랑하고, 존중해 주세요. 그러면 언젠가 내 모습 그대로를 좋아하고 존중해 주는 사람들을 만나게 될 테니까요. 그때 여러분은 비로소 진정한 '인싸'가 되는 거예요.

다름으로
더 아름다워지는 것

사람들은 저마다 독특한 특성을 가지고 이 세상에 태어납니다. 또 다양한 환경에서 다양한 경험을 하며 자라요. 사람마다 생각과 감정이 다른 건 타고난 기질과 자라난 환경이 서로 다르기 때문이에요. 그 차이는 비교하기 어려울 만큼 클 때도 있어요. 그래서 성격이나 정서가 비슷한 친구도 어떤 상황에선 매우 다르게 반응하기도 하죠. 사랑받는다는 느낌, 안정감, 행복, 만족, 두려움, 슬픔, 외면, 실망을 느끼는 상황과 정도는 사람마다 다르거든요. 그렇기 때문에 멋있어 보이고 행복해 보이는 다른 사람의 삶을 따라 살려고 하거나, 사회가 기대하는 모습에 맞추어 보려고 해도 결국에는 행복을 느끼지 못하는 경우가 생겨요. 남을 행복하게 만드는 것들이 꼭 나도 행복하게 하는 건 아닙니다. 나는 그 사람이 아니니까요. 남의 삶을 무작정 좇으며 살다가는 내게 진정으로 행복과 만족을 주는 삶을 놓쳐 버릴 수도 있어요.

그럼 진정으로 행복하려면 어떻게 해야 할까요? 그 답은 온전히 '나'에게 있습니다. 내가 어떤 상황에서 사랑받는다고 느끼고, 행복을 느끼고, 만족을 얻고, 성취감을 느끼는지는 그 누구도 아닌 내가 가장 잘 알고 있어요. 그러니 나를 잘 아는 것에서부터 행복으로 가는 길이 시작되는 셈이죠. 나의 강점과 약점, 좋아하는 것과 싫어하는 것, 나에게 중요한 것과 중요하지 않은 것, 나를 기쁘게 하는 것과 슬프게 하는 것을 잘 알아 가는 일이 그래서 중요해요.

저는 어려서부터 겁이 별로 없었어요. 낯설거나 떨려서 못하는 일도 많지 않았죠.

몇 년 전 짐바브웨 여행 중에는 이런 일도 있었어요. 사자 보호소에 방문했을 때, 사육사는 손을 내밀면 사자가 손을 핥을 거라고 말했어요. 그러면서 누가 사자에게 손을 내밀어 보겠냐고 물었어요. 저는 그 기회를 다른 사람에게 뺏길까 봐 얼른 손을 내밀었어요. 아찔하게 제 손을 핥는 사자의 혀를 체험할 수 있었죠. 다행히 제 손은 아직 멀쩡히 붙어 있답니다.

터크스 케이코스 제도에서 스쿠버다이빙을 할 때에는 상어 떼가 몰려오자 더 가까이에서 보려고 필사적으로 헤엄을 쳤어요. 그런데 너무 가까이 접근하는 바람에 강사에게 발목을 잡히기도 했죠.

이렇듯 저는 용감무쌍한 면이 있지만, 다리가 여섯 개 달린 벌레는 매우 무서워한답니다. 작은 벌레가 날아들기라도 하면 기겁하며 소리를 지르고, 가끔은 울기까지 하며 빛의 속도로 도망쳐요. 지금은 이런 황당한 증상이 많이 없어졌지만, 평소 겁 없는 저를 잘 아는 지인들은 저의 기겁 퍼포먼스에 많이 놀라곤 했어요.

그런데 제 남편은 저와 여러 면이 완전히 반대입니다. 남편은 벌레를 무서워하지 않거든요. 저더러 왜 작은 벌레에 호들갑이냐며 나무라지만, 정작 자신은 밤에 작은 소리만 나도 초긴장하며 집을 살피곤 해요. 저는 야생동물이나 바람에 뭔가가 날리는 소리겠지, 하며 전혀 걱정 않는데 말이죠.

이뿐만 아니라 우리 부부의 성향에는 여러 가지로 큰 차이가 있어요. 처음에는 이해할 수 없을 만큼 많이 달라 자주 다

투기도 했죠. 그런데 시간이 흐르면서 조금씩 서로의 다름을 받아들이고 존중해 주자며 다짐하고 노력하게 되었어요. 다른 점은 틀린 점이 아니니까요.

　신기한 것은 처음엔 싫어했던 남편의 성격도 반대로 생각해 보면 장점이라는 사실을 깨닫게 된 일이에요. 예전에는 변화를 싫어하는 남편이 고리타분하고 답답했어요. 하지만 그런 성향 때문에 사람을 한결같이 대한다는 걸 알게 됐어요. 남편은 일할 때 끈기가 있고, 쉽게 포기하거나 방향을 바꾸지도 않아요. 또 늘 침착하고 어지간한 일에는 쉽게 흥분하지 않는 성격이라 항상 차분하게 일을 처리하죠. 제가 난치병에 걸리기 전에는 이런 남편의 성격을 답답해했는데, 이제는 평온함을 얻는 데 도움이 돼서 오히려 좋아하게 됐어요.

　반면에 저는 무슨 일이든 빨리빨리 해야 하고, 그렇지 않으면 매우 갑갑함을 느껴요. 급하게 행동하다 보면 서두르다 실수도 많이 하고, 또 쉽게 싫증을 내죠. 그리고 저는 감정 기복이 뚜렷해서 좋으면 펄쩍펄쩍 뛰고, 싫으면 눈물이 날 정도로 쉽게 흥분해요. 남편도 이런 저의 충동적이고 즉흥적인 성격을 예전에는 부주의하고 위험하다고 안 좋게 보았어요. 그런데 이제는 어떤 문제 상황 앞에서도 당황하지 않고 재빨리 해결책을 찾아내는 것을 제 장점이라고 말해요. 저의 대책 없이 낙천적인 태도 역시 이제는 어떤 상황에서도 긍정적이고 자신감 있어 좋다고 하고요. 단점으로 생각할 수도 있는 성격을 '틀린 것'이 아닌 '다른 것'으로 봐 주니 저로서는 고마울 따름이에요.

물론 아직도 의견이 안 맞는 일이 종종 생긴답니다. 하지만 서로 다름을 존중하면서 좋은 점을 발견하고 감사하며 살아가려고 노력해요. 나와 다른 의견을 비판하고 상대방의 의견이 틀렸다고만 한다면 결코 좋은 팀이 될 수 없을 테니까요.

다리 길이가 같은 사람끼리 이인삼각을 하면 확실히 수월하겠죠. 하지만 다리 길이가 다르다는 어려움을 극복하려고 노력하는 팀이라면 더 강해질 수 있어요. 그럼 승률도 점점 높아질 거예요. 다른 성격 때문에 충돌하기보다, 서로의 장단점을 보완할 수 있다면 오히려 더 끈끈하고 강해질 수 있답니다.

여러분도 아마 부모님이나 형제, 친구와 성격이 달라 부딪히는 일이 종종 있을 거예요. 그럴 때는 '내가 맞고 너는 틀리다'라는 생각에서 벗어나면 훨씬 문제를 해결하기 수월해요. '저 사람은 나랑 생각하고 느끼는 것, 좋아하는 것, 싫어하는 것이 다르구나' '나와 달리 저 사람은 그 부분을 중요하게 생각하는구나' 하고 인정하는 태도를 연습해 보세요. 이렇게 관점을 바꾸면 도리어 상대방으로부터 배울 점이 보여요. '엄마는 거실이 깨끗한 것이 중요하구나. 난 아무 상관없는데' '난 밖에서 노는 게 좋은데, 내 친구는 집에 있는 걸 좋아하는구나'처럼 서로 다른 것이 당연하고, 서로 같은 경우가 오히려 드물다는 것을 인식하면 좋아요. 그러면 갈등의 정도와 빈도가 훨씬 줄어들 거예요.

모든 것이 한번에 바뀌기는 어려울 거예요. 하지만 그동안의 갈등이 차차 이해와 화합으로 바뀔 거라고 믿어요.

변명하지 말고
깔끔하게 실수 인정!

누구나 실수를 하며 살아요. 청소년인 여러분은 당연히 많은 부분에 서툴러서 잦은 실수를 하죠. 실수는 배우고 성장하는 과정에서 누구나 겪는 일이에요. 자연스러운 일이니까 너무 괴로워하거나 자책할 필요는 없어요.

병원에서 저와 함께 일하는 사람들은 제가 실수하지 않는 사람이라고 오해하곤 해요. 병원에서는 일을 잘 처리하기 때문이에요. 그래서 그들은 제가 매우 철저하고 꼼꼼한 줄 알아요. 하지만 가까운 친구와 가족은 제가 얼마나 실수투성이인지 잘 알죠.

저는 어릴 때부터 열쇠나 공책, 책 같은 소지품을 잃어버리기 일쑤였고, 가방을 통째로 놓고 다니기도 했어요. 어른이 되어서도 실수하는 건 마찬가지였답니다. 차고 문을 열어둔 채 출근하는 바람에 온종일 집이 무방비 상태로 열려 있었던 적이 한두 번이 아니에요. 그래서 아예 자동 개폐 시스템을 설치하기도 했어요. 이집트에서 열린 국제 학회에 포스터를 발표하러 갔을 때는 포스터를 뉴욕 공항 주차장에 두고 갔지 뭐예요? 부랴부랴 카이로의 대학가를 뒤져서 포스터를 다시 만들어야 했어요. 약속을 까맣게 잊어버리는 것은 다반사고, 밸런타인데이나 남편 생일도 잊어서 남편이 서운해한 적도 많아요. 부주의해서 물건을 떨어뜨리거나 부수는 건 일상이고, 늘 여기저기 부딪히는 통에 온몸은 상처투성이죠. 음식을 하도 태워서 화재 경보를 자주 울리니까 남편은 제가 요리하는 것을 달가워하지 않아요. 남편은 아마도 실수투성이 아내가 굉장히 고달플 거예요.

그런데 저와 가까운 사람들은 이런 제가 의사 일만큼은 잘하는 게 신기한가 봐요. 사실 저는 일할 때만큼은 실수를 안 하려고 정말 각고의 노력을 한답니다. 계획된 하루 일과를 잊지 않으려고 겹겹이 확인 알람을 설정해 두고 긴장의 끈을 놓지 않아요. 중요한 일은 나중으로 미루지 않고 그때그때 바로 해 버리고요. 그래서 저는 늘 복도를 뛰다시피 빨리 걸어 다녔어요. 천천히 걸으면 가는 동안 다음 일을 까먹을까 봐요. 실수를 최소화하려고 택한 방법 중 하나죠.

그럼에도 실수를 아예 피하긴 어렵더라고요. 레지던트 시절에는 교수님에게 환자에 관해 보고할 때 주저리주저리 두서없고 산만하게 말해서 꾸중을 듣기도 했어요. 결국 선배들에게 따로 교육을 받았죠. 원래 정리가 잘 안 되는 성향인데 영어까지 달리니 진땀을 뺐어요. 한 번은 노트에 약 이름을 잘못 기록해서 지적을 받은 적도 있고요. 중요한 회의도 까먹기 일쑤였죠. 동료들이 "오늘 회의 있는 거 알지? 또 까먹지 마" 하고 늘 일깨워 주어서 다행이었어요.

이렇듯 실수의 대가인 제가 지금까지 잘 버텨 온 것은 저를 도와준 주위 사람들 덕분입니다. 제 곁에는 항상 고마운 친구, 동료, 교수님들이 있었어요. "쟤 왜 저래? 모자란 거 아냐?" 하고 멀리할 수도 있었을 텐데, 어리바리한 저를 잘 도와주었죠. 그건 아마도 제가 실수를 가감 없이 인정하고 사과했기 때문이 아닐까 싶어요.

모든 사람은 실수와 잘못을 저지르지만, 많은 사람이 자신의 잘못을 감추거나, 줄여서 말하거나, 실수를 인정하지 않으려고 해요. 어렸을 때는 저도 그랬어요. 잘못을 인정하지 않고 핑계를 대거나 남 탓으로 돌리려고 했죠. 그런데 나의 약점과 잘못을 빨리 인정하는 것이 오히려 나에게 더 좋다는 것을 이제는 경험으로 배웠어요.

제가 가르치는 레지던트 과정에는 '피드백(Feedback)을 구하고, 잘 받아들이는가?'라는 평가 항목이 있어요. 교수로서 수련의들에게 피드백을 주었을 때 "간호사가 저한테 보고를 안 해서 생긴 일이에요"라며 다른 사람에게 잘못을 전가하거나 변명하는 경우를 흔히 볼 수 있어요. 질책받는 일을 피하려는 태도죠. 하지만 자신의 부족함을 인정하고, 조언을 기꺼이 받아들일 수 있는 자세를 갖추어야 좋은 의사가 될 수 있어요. 그래서 수련의들에게 이 평가는 매우 중요하답니다.

질책을 받거나 부족한 부분에 대해 조언을 들었다면 "중요한 점을 알려 주셔서 감사합니다. 주의해서 앞으로 개선하도록 하겠습니다"라고 말할 수 있어야 해요. 자신의 단점을 알고, 인정하고, 개선하려고 노력하는 것은 발전 가능성과 비례하는 능력인 셈이죠.

또 이런 태도는 상대에게 신뢰감을 줘요. '아, 자기 잘못을 부인하지 않고 깔끔하게 인정하는 걸 보니 어떤 상황에서도 신뢰할 수 있겠구나. 다른 일을 믿고 맡겨도 괜찮겠다'는 마음이 들게 하죠.

제가 존스홉킨스 케네디크리거 연구소에 교수로 부임한 지 얼마 안 됐을 때 도미니카공화국으로 휴가를 갔어요. 서핑과 관광으로 신나는 일주일을 보내고 미국에 돌아가려는데 아차, 미국 영주권을 안 가져 왔지 뭐예요! 당시 한국 사람은 비자 없이 입국할 수 없었을 때라 제가 마치 불법으로 입국을 시도하는 것처럼 되어 버렸어요. 결국 저는 미국행 비행기에 탑승을 거부당했죠. 당장 내일 출근해야 하는데 말이에요. 새 직장에 오자마자 이런 대책 없는 실수를 했다는 것이 참 부끄러웠어요. 상사에게 다음 날 출근할 수 없음을 알려야 하는 정말 난처한 상황이었죠.

'영주권도 안 들고 다닐 정도로 정신없다는 걸 인정하느니, 그냥 다쳐서 못 간다고 할까? 아니면 영주권이 든 지갑을 도난당했다고 할까?'

처음에는 머리를 핑핑 굴리며 실수를 축소할 계책만을 생각했어요. 하지만 그런 거짓말을 할 것을 상상하니 이내 마음이 너무 불편해졌죠. 결국 '자수하고 광명 찾자. 저지른 잘못을 인정하자'고 이실직고했어요.

이 사건을 계기로 상사는 제가 실수를 온전히 인정하고 사과하는 사람이라는 인식을 확실히 갖게 된 것 같아요. 속으로는 '정신을 어디다 빼놓고 다녀서, 출근까지 빼먹는 상황을 만들어?'라고 생각했을지도 모르지만요. 제가 어떤 변명을 했더라도 상사는 그걸 확인할 수는 없었을 거예요. 그런데도 엉뚱한 실수를 그대로 말한 솔직한 태도가 되레 신뢰감을 주었는지도 몰라요. 하지만 놀림감이 되는 것은 막을 수 없었어요. 다음 휴가를 갈 때 상사가 "이번 여행에는 영주권 칩을 손에 박아 넣고 가는 게 어때? 꼭 다시 돌아와야 돼"라고 하더라고요. 어처구니없는 실수였지만, 빠르게 인정했기 때문에 지금은 이렇게 웃어넘길 수 있는 에피소드 한 장면으로 남게 됐네요.

실수를 인정하고 진심으로 사과하는 일은 이처럼 중요해요. 그런데 사실대로 말하는 게 어렵다고요? 어떻게 하면 제대로 사과하고 신뢰를 다질 수 있을까요? 미국의 유명 잡지사 사장이자 저자인 케빈 켈리가 조언한 내용 중에서 여러분에게 도움이 될 만한 부분을 뽑아 봤어요.

첫째, 사과는 빨리 할수록 좋아요. 괜히 이리저리 시간을 끌거나 미루면 나중에 사과하기 더 어색하고 어려워질 때가 많아요.

둘째, 사과는 분명하게 구체적으로 하는 것이 좋아요. 내가 뭘 잘못했는지 구체적으로 사실대로 말해야 해요. 예를 들면 "엄마한테 거짓말하고 소리 지른 건 정말 죄송해요. 용서해 주세요" "너무 화가 나서 '지질한 놈'이라는 막말이 나왔어. 미안해. 용서해 줘"라고요.

셋째, 가능하면 변명은 더하지 마세요. 이런저런 변명을 늘어놓고 잘못을 떠넘기다 보면 나도 모르게 거짓말이 보태질 수 있어요. 그러면 결국 나중에 수습하기 어려운 상황도 생겨요. 친구와의 약속에 늦었다면 "버스가 20분이나 늦게 와서 늦었어"와 같은 설명은 덧붙일 수 있어요. 하지만 친구에게 "버스가 늦게 왔기 때문이야. 내 잘못은 아니야"라는 뉘앙스로 들린다면 좋지 않아요. 사과는 상대방이 진심으로 받아들일 수 있어야 진정한 의미가 있으니까요.

재빨리, 분명하게, 변명하지 않고 온전히 실수를 인정하고 진심으로 사과하는 태도를 연습해 보세요. 실수를 인정하면 신뢰를 잃을 것 같겠지만, 제대로 사과한다면 오히려 신뢰를

얻을 수도 있습니다. 진실하고 신뢰성 있는 사람으로 자신을
만들어 가 보는 거예요.

다른 사람의 좋은 점을
발견하는 마음

여러분은 칭찬을 자주 하는 사람인가요, 아니면 칭찬에 인색한 사람인가요? 칭찬에는 우리의 속마음이 숨겨져 있어요.

여러분은 일상에서 어떤 칭찬을 주고받는지 한번 곰곰이 떠올려 보세요. "너 오늘 진짜 상큼해 보인다" "항상 날 이해해 줘서 고마워" "솜씨가 정말 좋은데!"처럼 듣는 사람과 하는 사람 둘 다 기분이 좋아지는 말을 자주 하나요?

미국에서 전공의 수련 과정을 밟고 있던 중이었어요. 국제학회에서 한국 후배를 오랜만에 만났죠. 함께 수다를 떨던 중 후배가 이렇게 말하더군요.

"한국 사람들은 남을 칭찬하는 데 인색한데, 선배는 다른 사람 칭찬하기를 좋아하네요."

미국에 살면서 칭찬에 익숙해진 저에게 하는 말이었어요. 생각해 보면 한국에서는 다른 사람을 진심으로 칭찬하는 일이 점점 드물어지는 것 같아요. 이것은 다른 사람과 비교하거나 비교당하는 사회 분위기에서 비롯된 부작용 아닌가 해요. 그런 사회 분위기 속에서는 '네가 그렇게 잘났어? 내가 더 잘났지' '네가 나보다 잘하네…… 왠지 기죽어' 같은 생각이 더 쉽게 들어요. 서로 재면서 비교하고 평가하다 보면 상대방을 진심으로 칭찬하기란 결코 쉽지 않죠.

남을 칭찬할 수 없는 이유를 심리학적으로 살펴보면, 크게 두 가지로 나누어 볼 수 있어요.

첫째, 팽창된 자아의식을 가졌기 때문이에요. 나르시시즘과 비슷해요. 내가 남보다 낫다고 생각해서 나와 남을 객관적으로 볼 수 없는 경우예요. 자신이 남보다 우월하고, 남은 항상 나보다 못하다고 생각하기 때문에 당연히 남을 칭찬하고 싶지도 않고, 할 이유도 없는 거죠.

둘째, 위의 경우보다 더 흔한 경우인데, 위축된 자아의식을 가졌기 때문이에요. 자기 비하에 빠져 있는 사람에게서 흔히 나타나죠. '나는 잘하는 게 없어. 아무도 날 좋아하지 않아'라고 생각하는 사람들 말이에요. 이때 남을 칭찬하면 자신의 부족함이 더 크게 느껴지기 때문에 칭찬하기가 더욱 어려운 거예요.

환자들과 상담하다 보면 위축된 자아를 가지고 있는 청소년을 많이 보게 돼요. 자신의 부족한 모습을 부끄러워하고 힘들어하죠. 반면에 팽창된 자아를 가진 친구는 흔히 보기 어려워요. 이런 친구들은 대개 남을 힘들게 할지는 몰라도 자신에 대해서만큼은 만족스러워하기 때문에 정신과를 찾는 경우가 드물어요.

청소년은 부모 외에도 또래 집단의 영향을 많이 받아요. 청소년기는 정서적, 사회적으로 급격히 성장하는 시기예요. 이때 또래 집단은 '나는 어떤 사람인가?'를 결정하는 자아 형성에 긍정적이든 부정적이든 큰 영향을 끼쳐요. 그러므로 특히 지금 여러분은 친구를 쉽게 판단하거나 비교하는 말은 삼가야 해요. 내 친구의 자아 형성에 부정적인 영향을 미칠 수 있거든요. 대신 밝고 건강하게 말을 나누고 격려하는 사이가 되면 서로가 더 긍정적으로 성장하는 데 도움이 될 거예요.

미국에서 매너를 가르칠 때 자주 하는 말이 있어요.

"긍정적인 말이 아니라면 차라리 아무 말도 하지 마라(If you have nothing nice to say then don't say anything at all)."

상대를 부정적으로 평가하는 말은 예의에도 어긋나지만, 서로에게 나쁜 감정을 남겨 인간관계를 그르치기 쉬워요. 순간적으로 상대를 기분 나쁘게 했다면 "아까 내가 그렇게 말해서 미안해" 하고 사과할 줄 알아야 해요. 반대로 친구한테 기분 나쁜 말을 들었다면 "네가 그런 말을 해서 기분이 상했어. 앞으로 그러지 말아 줘"라고 표현할 수 있어야 하고요. 성숙한 사람들은 이런 식으로 자신의 마음을 표현하며 서로 존중한답니다.

칭찬할 줄 아는 사람은 건강한 자아 의식을 가진 사람이에요. 자신이 가치 있다고 믿기에 다른 사람의 가치도 인정할 줄 아는 거죠.

주위 사람, 특히 부모님에게 사랑받고 긍정적인 감정 교류를 하는 청소년은 무의식중에 '나는 괜찮은 사람이야. 나는 세상에 도움을 줄 수 있어' 하며 건강한 자아상을 그려요. 사랑받고 존중받고 있다는 느낌은 건강한 자아를 형성하는 데 매우 중요하죠.

건강한 자아상을 가진 사람일수록 자신의 잘못을 쉽게 인정할 줄 알고, 꾸중이나 책망 같은 부정적인 피드백을 잘 받아들일 수 있어요. 만약 잘못을 하더라도 그것만으로 내가 나쁜 사람이 되는 것이 아니라는 걸 알기 때문이에요. '나는 괜찮은 사람'이라는 단단한 자아상이 있으니까 여러 상황에서도 흔들림 없이 긍정적인 '나'를 유지할 수 있는 거예요.

저는 소아청소년정신과 의사로서 부정적인 자아상을 가진 친구들이 좀 더 건강한 자아상을 가질 수 있도록 돕는 일을 해요. 많은 청소년을 만나면서 정말 크게 느끼는 것이 있어요. 어린 시절에 어른들에게서 들은 부정적인 말, 정체성 발달 시기에 고착된 부정적인 생각들은 마음에 깊이 새겨진다는 거예요. 그 고정관념을 깨려면 많은 노력이 필요하죠.

저는 청소년에게 "나는 가치 있는 사람이야" "나는 참 괜찮은 사람이야"라고 스스로 자주 말해 주기를 권해요. 그리고 자신의 장점과 강점을 잘 찾아보고 좋아하는 것, 흥미로운 것을 더 많이 경험해 보라고 합니다. 이런 것들이 여러분의 자아상을 긍정적으로 바꿔 줄 수 있어요. 친구와 다투고 서로에게

화나더라도, 아무리 어렵고 힘든 상황이라도 긍정적인 면을 찾도록 노력하는 것이 중요해요. 사랑과 인정, 칭찬이 담긴 긍정적인 말을 사용할 때 우리의 자아는 점점 건강하게 완성되어 간답니다.

순수한 인연이
보물이 되는 순간

저는 한국에서 정신과 레지던트에 지원했다가 떨어졌어요. 그래서 인턴을 마치자마자 보스턴으로 오게 됐죠. 미국 의사 면허 시험을 준비하면서 정신과 실습 기회를 찾고 있을 때였어요. 정신과는 환자의 프라이버시를 이유로 외부인 실습이 어렵다고 하더라고요. 그래서 저는 정신과 대신 신경병리과에서 실습을 하게 되었어요. 사실 신경병리과에는 별로 관심 없기 때문에 실망했지만, 일단 기회가 주어졌으니 최선을 다해 공부하고 배웠어요.

그때 몇 달 동안 '뇌 해부(Brain cutting)'에 참여할 수 있었어요. 의과대학에서 사체 한 구를 해부해 본 것이 전부인 제가 수많은 뇌를 해부하고 현미경으로 속속들이 들여다볼 수 있었죠. 그러면서 인간에게 무한한 능력을 주는 뇌의 수수께끼와 신비함에 푹 빠져들었어요. 그리고 열심히 하는 제 모습을 눈여겨본 교수님은 제게 찬사가 섞인 추천서를 써 줬답니다. 여기서의 경험은 나중에 제가 뇌 영상 연구를 하는 데 큰 밑바탕이 되었어요. 원하지 않았던 기회라도 열심히 하다 보면 나에게 도움이 될 수 있다는 것을 저는 이때 배웠죠.

이제 제가 사람들을 가르치는 위치에 있어 보니, 아무리 작은 일이라도 자신이 맡은 일에 최선을 다하는 사람에게 더 큰 기회를 주고 싶어지더라고요. 그런데 시작부터 "이건 제가 원하는 일이 아닌데요? 좀 더 좋은 기회를 주세요" 하는 학생이 종종 있어요. 좋은 기회는 내가 요구한다고 해서 쉽게 오지 않아요. 그보다는 나에게 주어진 일을 열심히 하고 있을 때 찾아오는 것 같아요. 물론 부당한 상황은 바로 잡을 수 있도록 요구해야 하지만요. 그러니 원했던 일이 아니더라도 일단 하기로 했다면 열심히 배우는 자세로 임해 보길 바라요. 그러다 보면 분명히 더 많은 기회가 찾아올 거예요.

처음에 저는 한 해만 재수하고 다시 한국으로 돌아가 정신과 레지던트에 재도전할 생각이었어요. 그래서 그동안에 미국 의사면허 시험을 따 놓을까 하는 가벼운 마음으로 미국에 왔죠. 미국 의사면허 시험은 1차, 2차, 3차 필기시험을 통과해야 하고, 진료 실기와 영어까지 다섯 가지 시험에 합격해야 했어요. 의과대학 6년 전 과정을 영어로 다시 공부해야 하니까 학습량이 대단했죠. 그 시험을 1년 만에 모두 합격하는 건 사실 무리였어요.

하지만 저는 일단 학원에 등록해서 하루 12시간씩 공부하는 계획표를 짰어요. 아침 7시에 일어나 찰스 강변을 달리는 조깅으로 하루를 시작했죠. 눈보라가 몰아치는 날도 쉬지 않고 장갑에 귀마개까지 완전 무장을 한 채 강변을 달렸어요. 집에 돌아오면 샤워하고 샌드위치를 싸 들고 근처 MIT 도서관으로 향했어요. 그리고 아침 9시부터 밤 9시까지 공부했어요. 그때는 공부하라고 재촉하는 사람도 없었고, 오직 다가오는 시험 날짜를 보며 혼자서 정신을 가다듬어야 했죠. 불확실한 미래를 앞에 두고 공부, 아니, 자신과의 싸움이 시작된 거죠. 끝이 보이지 않을 것 같던 시간이 지루했지만, 저는 하루하루 목표량을 다 채우려고 노력했어요.

그렇게 열심히 미국 의사면허 시험을 준비하는 중에 많은 외국인 의사를 만났어요. 중국, 아프가니스탄, 인도, 쿠바, 가나 등 다양한 국적의 사람들이었죠. 그중에는 전쟁, 빈곤, 독재 정부의 억압 등 모국의 힘겨운 상황을 피해 미국으로 온 절박한 사람이 많았어요. 그에 비하면 미국에 공부하러 온 제 상황은 매우 좋은 편이었죠. 당시 저는 모의시험 성적이 꽤 좋은 편이라 다른 의사들로부터 종종 질문을 받기도 했어요. 물론 저 역시 시험을 앞두고 내 코가 석자라 많은 시간을 내기는 어려웠지만, 질문을 받으면 주저하지 않고 성실하게 답해 주었어요. 저보다 나이 많은 의사들이 미안해하면서 묻는 게 안타까워서요.

그중 공부를 한 지 꽤 오래된 중년의 중국인 의사가 있었어요. 그가 어느 날 웃으며 제게 말했어요.

"제 공부를 여러모로 많이 가르쳐 줘서 고마워요. 덕분에 시험 잘 통과했어요."

"아, 별말씀을요. 시험 통과하셨다니 너무 잘됐네요. 축하드려요!"

"참, 하버드 의과대학에 있는 한국인 내과 교수님을 아는데, 한번 만나 볼래요? 나영 씨한테 고마워서, 내가 잘 소개해 줄게요."

"말씀은 너무 감사하지만 저는 정신과에 지원할 거라서요. 괜찮습니다."

그때 저는 1년 뒤 한국으로 돌아갈 계획이었기 때문에 미국에서 많은 의사를 만나 보겠다는 생각이 전혀 없었어요. 게다가 정신과 교수님도 아닌데 만날 이유가 없다고 생각했죠.

그런데 시험 성적표를 받아 보니 생각했던 것보다 성적이 잘 나온 거예요. 저도 깜짝 놀랄 정도로 최상위권이었어요. '아니, 이 정도 성적이라면 미국에서 레지던트에 지원하면 한국에서보다 더 좋은 곳에 합격하겠는데?' 하는 생각이 바로 들더군요. 그래서 한국에 돌아가는 대신 미국 레지던트에 지원해 보기로 마음을 바꿨어요. 하지만 미국에서 레지던트에 지원하는 건 높은 성적만으로는 여전히 어려움이 많았어요. 임상 경험과 연구 경험 등을 쌓고, 미국 정신과 의사에게 추천서도 받아야 했거든요. 그런데 제가 아는 사람 중에는 미국 정신과 의사가 하나도 없었어요. 그때 중국인 의사의 제안이 떠올랐죠. 저는 곧바로 도움을 요청했어요.

"전에 말씀하셨던 하버드 의과대학의 한국인 교수님을 소개해 주실 수 있나요?"

그 중국인 의사는 흔쾌히 자리를 만들어 주었어요. 소개로

만난 한국인 내과 교수님에게 정신과에서 경험할 수 있는 방법이 없을지 상의했어요. 그분은 우연히 하버드대학 정신과 교수님을 한 사람 알고 있었죠.

"그 교수한테 내가 소개했다고 하고 연락해 봐. 근데 자네가 하버드 정신과 연구실에 들어가기는 어려울 거네. 출중한 연구 경력에다가 연구비까지 들고 오겠다는 유명한 교수들이 줄을 서 있는 상황이니 말이야."

가능성이 희박해도 저는 일단 하버드 정신과 교수님에게 이메일을 썼어요. 연구 경험을 쌓을 자리를 구한다고요. 그러면서 다른 일곱 개 대학 연구소에도 이력서를 보냈어요. 한국에서 의대 졸업, 인턴 수료, 미국 신경병리 실습 경험과 미국 의사면허 시험 점수만 적혀 있는, 아무런 연구 경력도 없는 초라한 이력서였죠. 그래서인지 제게 연락해 오는 곳은 아무 데도 없었어요. 그렇게 낙담하고 있을 때 한 연구소에서 면접을 보자는 연락이 왔어요. 가능성이 가장 낮다고 생각했던 하버드 뇌영상연구소였어요.

세계적으로 유명한 하버드 연구소에서 연구 경력을 쌓게 되다니! 저도 믿기 어려웠습니다. 이 기회로 저는 1년간 뇌영상 연구를 하고, 저명한 정신과 학술지에 논문도 실을 수 있었어요. 한국 레지던트에 낙방한 인턴이 생각지도 못한 경력을 쌓게 된 거죠. 전에 신경병리과에서 습득한 뇌 해부학 지식이 뇌영상 연구에도 큰 도움이 되어서, 연구실 안에서도 평판이 좋았어요. 예측하지 못한 행운의 연속이었죠.

이 과정에서 깨달은 것이 있어요. 어느 누구도 혼자서는 많은 것을 이룰 수 없다는 점이에요. 문화도, 언어도 서투른 제가 보스턴 생활을 하며 공부를 마칠 수 있었던 건 서로 의지하고 챙겨 주던 외국인 의사 친구들 덕분이에요. 저는 그들의 공부를 돕고, 그들은 연고 없이 타지에 유학 온 저를 격려하면서 서로의 가족이 되어 주었어요.

외국에서 공부하고 싶어 하는 학생들에게 저는 꼭 이야기 해요. 좋은 친구들을 사귀고, 그들에게 먼저 도움의 손길을 내 밀라고요. 주변에 있는 사람과의 인연을 소중하게 생각하고, 자신보다 어려운 처지에 있는 사람을 함부로 대하거나 무시 하지 말고, 조금이라도 여유가 있으면 꼭 도와주라고 당부하 죠. '빨리 가려면 혼자 가고, 멀리 가려면 함께 가라'는 말이 있 죠? 인생은 멀고 긴 길이에요. 지금 내 눈앞의 이익만 앞세운 다고 해서 가장 좋은 결과가 나오는 것이 아니랍니다. 진심으 로 맺은 선한 인연은 뜻밖의 행운을 가져다주기도 한답니다.

인생이란 정말 예측할 수가 없어요. 생각지도 못한 곳에서 서로의 연결고리가 되어 삶을 환하게 비춰 주기도 하니까요.

4 나를 괴롭히는 것에서 탈출하기

얼마나 날씬해져야
만족할래?

여러분은 '섭식장애'라고 들어 봤나요? 한 번쯤 들어 봤을 '거식증'은 섭식장애 중의 하나예요. 의학 용어로는 신경성식욕부진증(Anorexia nervosa)이라고 해요. 이 병은 환자를 직접 만나 보지 않으면 이해하기 힘들어요.

제가 정신과와 소아청소년정신과 수련을 받은 노스캐롤라이나대학 병원에는 섭식장애 전문 치료 병동이 있어요. 이곳의 환자 대부분은 젊은 여성이거나 중년 여성이에요. 살이 찌는 것을 극도로 두려워하여 저체중이 극심하고, 정상적인 신체 대사가 안 될 만큼 어려움을 겪는 사람들입니다. 매우 적게 먹는 것은 물론이고, 먹고 나서 구토를 하거나 설사제, 이뇨제 등을 복용하며 체중을 줄이려고도 하죠. 심지어 그 상태에서 심한 운동을 해서 살을 더 빼려고 합니다. 그러다 보니 몸이 여러모로 병드는 심각한 질환이에요. 뼈가 드러날 정도로 팔다리와 얼굴이 앙상하고, 엉덩이 살이 없어서 의자에 앉기조차 힘든 경우도 있어요. 생명이 위태로울 만큼 음식을 먹지 않아서 나트륨, 칼륨 등 전해질 불균형으로 심전도에 이상이 생기고, 심장 부정맥 증상이 나타나기도 하죠. 그래서 거식증 환자의 일차 치료 목표는 칼로리 섭취를 늘려 체중을 증가시키는 거예요. 일단 몸을 살리고 보는 거죠. 최소 안정 체중은 되어야, 그 후에 정신 치료도 더 집중적으로 할 수 있거든요.

상담을 하면 섭식장애 환자들은 "저는 허벅지가 굵은 게 싫어요" "이 굵은 팔뚝을 보세요" "살이 너무 쪘어요. 살이 더 빠졌을 때가 좋아요"라고 말해요. 피골이 상접한 환자가 이런 말을 하는 모습을 보면 처음엔 전혀 이해할 수 없죠. 이 같은 잘못된 생각을 전문 용어로 '왜곡된 신체상' '왜곡된 자아상'이라고 해요. 섭식장애 환자는 거울에 비친 자기 몸이 남들에게 보이는 것보다 훨씬 더 뚱뚱하다고 인식하거든요. 이것은 망상이라기보다 눈으로 보는 자기 모습을 뇌가 잘못 해석해서 뚱뚱하게 보이는 거예요.

'자아상'은 타인이 아닌 내가 보는 '나'의 모습입니다. 어린 시절부터 겪은 자기 경험과 감정들이 겹겹이 쌓여 형성된 렌즈를 통해 나를 들여다보기 때문에 객관적인 이미지와는 다르게 보이죠. 섭식장애 환자에게 마른 몸부터 뚱뚱한 몸까지 다양한 실루엣을 보여 주고 자신의 이미지를 고르라고 하면, 흔히 실제보다 훨씬 체중이 높은 몸을 선택해요. 안타깝게도 섭식장애를 겪는 많은 환자는 더 날씬해져야 더 아름다워지고 더 사랑받을 수 있다는 믿음이 있어요. 그래서 살을 빼기 위해 심한 강박적인 행동을 하게 되는 거예요.

그런데 섭식장애가 없는 사람이라도 자신이 실제보다 더 뚱뚱하다고 생각할 수 있어요. 정상 체중이거나 저체중인 사람도 '뚱뚱하다, 살 빼야 한다'라고 생각하는 거죠. 이는 외모를 중요시하는 분위기가 있는 한국 사회에서 좀 더 흔한 것 같아요. 아마도 저체중을 선호하고, 이를 권유하는, 건강하지 않은 미적 기준 때문일 거예요. 안타까운 것은 청소년들도 마른 체형을 지나치게 선호한다는 데 있어요. 과체중인 친구를 놀리거나 부정적으로 보는 경우가 많은 것도 이런 이유예요. 청소년들이 외모와 체형을 쉴 틈 없이 재단당하는 사회에서 성장한다면 자신을 바라보는 렌즈가 왜곡될 수밖에 없어요.

한국에서는 남의 외모나 체형을 스스럼없이 언급하고 평가하는 경향이 있죠. "너 살 쪘네" "얼굴이 왜 이렇게 부었냐?" "넌 키가 작아서 좀 그렇겠다" 같은 표현을 미국인이 듣는다면 아마 눈이 휘둥그레질 만큼 깜짝 놀랄 거예요. 남의 외모를 평가하는 것을 매우 무례하다고 생각하거든요. 제가 20년 넘게 미국에 살면서 많은 사람을 만났지만, 외모를 언급하는 말은 긍정적인 표현뿐이었어요. "너 오늘 멋져 보이는데" "네 눈 정말 예쁘다" "네 원피스 참 예쁘네" 정도였죠.

물론 과체중이 건강을 위협한다면 체중을 조절해야 해요. 저는 체중이 비만 기준까지 간 남편에게 이렇게 말해요.

"나는 당신 배가 정말 귀엽지만, 음식을 조금만 조절하고 운동해서 체중을 줄이고 건강하게 살자. 나는 당신을 오래오래 보고 싶거든."

불뚝 나온 배가 보기 싫어서가 아니라, 건강을 위해서 노력하자는 의미를 강조하는 거죠.

저는 저의 이미지를 객관적으로 잘 알고 있다고 생각했어요. 한국에서는 사춘기 이후로 늘 통통한 편이었죠. 그런데 미국에 산 지 10여 년 되었을 때 그 생각이 깨졌어요.

하루는 식당에서 친구들과 밥을 먹다가 잠시 화장실에 갔어요. 화장실 가는 길에 저와 비슷한 원피스를 입은 마른 여자가 슥 지나가는 것이 보였어요. 저는 속으로 '엄청 날씬하네'라고 생각했죠. 그런데 곧 그 여자가 거울에 비친 제 모습이라는 사실을 알아채고는 화들짝 놀랐어요. 스스로 말랐다고 생각해 본 적이 없었거든요. 당시 체중이 꽤 줄었을 때였는데도 말이에요.

그때는 미국에서 제일 작은 치수의 옷도 커서 잘 맞지 않았어요. 그럼에도 저는 굵은 팔뚝을 내놓고 싶지 않다는 생각에 민소매는 잘 입지 않는 편이었죠. 게다가 앉을 때 배가 항상 몇 겹으로 접혀 있는 것 같았고, 걸을 때 허벅지가 맞닿아 스치는 느낌이 싫었어요. 동그란 얼굴에는 살이 통통하게 차올라 있었죠. 이렇게 스스로를 통통한 편이라고 생각했던 탓에 거울 속 날씬해 보이는 저를 다른 사람으로 착각한 거예요. 이런 경험을 한 뒤 늘 통통하게만 보였던 거울 속 내 몸매가 마른 체형이라는 것을 객관적으로 판단할 수 있었답니다. 그때부터 섭식장애가 있는 환자들의 왜곡된 자아상을 좀 더 깊이 이해할 수 있게 됐어요.

거울 속에 비친 '나'의 이미지는 내가 갖고 있는 '나'에 대한 감정과 평가 등 여러 겹의 렌즈를 거쳐 뇌에서 해석됩니다. 그래서 객관적으로 바라보는 게 쉽지 않아요. 나와 나를 둘러싸고 있는 환경을 인식하고 해석하는 것은 너무나 주관적일 수밖에 없죠. 그렇게 보면 절대적 현실은 존재하지 않는다고 할 수 있어요. 누구나 현실을 보는 눈과 인식하는 뇌가 다르니까요. 그럴수록, 아니, 그렇기 때문에 "나는 이 정도면 괜찮아" "나는 사랑받을 만한 사람이야"라는 말을 스스로 자주 해 줘야 해요. 어차피 절대적 현실이란 없고 내가 주관적으로 판단하는 것이 나의 현실이라면, 긍정적으로 판단하는 게 당연히 이득 아니겠어요? 형제나 친구 등 나와 가까운 사람들에게도 항상 "너는 네 모습 그대로 아름다워"라는 말을 해 주는 것이 좋아요.

'제 눈에 안경'이라는 말처럼 내가 좋으면 그만이에요. 남들 눈에 잘 보이기 위해 너무 애쓰며 에너지를 낭비할 필요는 없어요. 여러분, 꼭 알아 두세요! 결국 남이 나를 어떻게 보는지가 아니라, 내가 나를 어떻게 보는지가 가장 중요한 현실이라는 것을요.

저는 지난 여러 해 동안 힘겨운 경험을 했어요. 자율신경계장애와 만성피로증후군을 겪으면서 많은 시간을 어지럼증과 극심한 피로감에 거의 누워 지내야 했거든요. 매일 하던 운동도 못 해서 15킬로그램이나 체중이 늘었죠. 원래도 동그랬던 얼굴은 동그랗다 못해 가로로 긴 타원형이 되었고, 입던 옷들은 하나도 맞지 않았어요. 게다가 몸이 안 좋아지니 피부까지 계속 뒤집어져서, 남편이 제 얼굴을 보고 점자 같다고 할 정도로 여드름이 온 얼굴을 뒤덮었어요. 처음에는 계속 살이 찌고 피부 트러블로 온 얼굴이 벌겋게 달아오르자 스트레스를 많이 받았어요. 치료를 위해 이것저것 해 봤지만, 잘 낫지도 않았고요. 자율신경계에 장애가 발생하면 피부 컨디션 조절에도 문제가 생긴다고 하더라고요.

그러다가 깨달았어요. '아, 이젠 이게 내 모습이구나' 하고요. 그래서 '나는 이대로 충분히 아름다워'라고 생각하며 살기로 마음먹고, 작아진 옷들은 다 모아서 기부했어요. 처음에는 제 모습을 보면서 '참 괜찮네' 하는 생각이 전혀 안 들더라고요. 그래도 애써 '이 정도면 괜찮아' 하며 스스로 위로해 주기로 했어요. 어떤 모습이든 그 모습 그대로 사랑할 줄 아는 태도 자체가 나를 더 아름답게 한다고 믿기 때문이에요. 내가 그대로도 괜찮다고 인정하는데 어느 누가 뭐라고 할 수 있겠어요?

남을 외모나 체형으로 평가하는 것은 그 사람의 자아상에 큰 상처를 주는 일이에요. 그런데 한국 사회에서는 상당히 많은 사람이 외모를 중시하는 것 같아요. '외모 지상주의'라는 말 많이 들어 봤죠? 물론 외적으로 보기에 좋은 사람이 대체로 더 인기 있습니다. 그러나 외모에 따라 사람의 가치를 매기거나 순위로 줄을 세우는 행동은 하면 안 돼요. 다른 사람을 존중하는 행동이 아니기 때문이에요.

입장 바꿔 생각해 보세요. 여러분이 다른 사람들로부터 외모로 평가받는다면, 기분이 나쁘지 않을까요? 다른 사람도 마찬가지입니다. 내가 외모로 평가받기 원하지 않듯, 남도 외모로 평가받고 싶지 않을 거예요. 그러니 이제 평가하는 말 대신 나에게도 남에게도 "너 참 괜찮아"라고 말해 주기로 해요. 그러면 우리 모두가 자신의 모습을 더 아름답게 받아들일 수 있고, 결국 현실도 그렇게 바뀔 테니까요.

좋아하는 사람과
어떻게 사귀면 좋을까?

여러분은 지금 좋아하는 친구가 있나요? 그 친구와 더 친밀한 관계가 되고 싶고, 사귀고 싶은가요? 여러분의 이런 감정은 성장하면서 겪는 아주 자연스러운 현상이에요. 저도 여러분 나이일 때부터 좋아하는 친구가 생기기 시작했답니다.

그런데 저는 미국에 오기 전까지 제대로 된 데이트는 못 해 본 것 같아요. 제대로 사귄 남자친구도 없었죠. 의과대학에 다닐 때는 공부에 치여 정신없었고, 졸업 후 인턴으로 생활할 때는 잠잘 시간도 없이 바빴거든요.

사실 저는 좋아하는 사람과 데이트하고 연애하는 데 두려움이 있었어요. 어떤 사람과 사귈 것인가에 대해서도 꼭 정답이 있고, 오답이 있다고 믿었어요. 그래서인지 저는 다른 데서는 겁이 없는 편인데 낯선 사람과 데이트할 때는 유난히 걱정이 많았어요. '이상한 사람 만나면 어쩌지?' 하며 데이트 기회를 요리조리 피하곤 했답니다.

그러다 내키지 않는 데이트를 여러 번 어쩔 수 없이 했던 적이 있어요. 그중에는 정말 이상한 사람도 있었어요. 걱정했던 것처럼 실패였죠. 그렇지만 그 뒤로는 데이트하는 것을 두려워하지 않게 되었어요. 망한 데이트를 해도 괜찮고, 데이트를 통해 나에 대해서 잘 알게 되고, 또 다음 데이트를 더 잘하면 된다는 걸 배웠거든요. 그렇게 여러 사람을 만나 경험해 보고 나서 남편도 만나게 되었고요.

여러분 가운데는 저처럼 연애를 하거나 사람을 사귀는 것에 두려움이 많은 친구도 있을 거예요. 좋아하는 사람과 어떻게 사귀어야 할지 고민이 많은 친구들을 위해 지금부터 제가 경험하면서 터득한 것들을 알려 드릴게요.

사랑은 인간관계에서 아주 중요한 요소예요. 진심으로 사랑하는 사람을 만나는 것은 참 기쁘고 행복한 일이죠. 우리가 하는 많은 행동은 결국 사랑받고 싶어서예요. 우리가 누군가를 사랑할 때 꼭 마음에 새겨야 할 것이 있어요. 그건 바로 상대에 대한 존중이에요. 존중은 사랑의 또 다른 이름이라고 할 수 있습니다. 존중 없는 사랑은 성숙한 사랑이 아니에요.

사실 좋아하는 사람에게는 상냥한 태도가 자연스럽게 나옵니다. 그 사람에게 잘 보이고 싶고, 나쁜 관계를 만들고 싶지 않기 때문이에요. 하지만 여러분이 생각하는 방식으로 상대에게 무작정 잘해 주는 것이 꼭 그 사람을 존중하는 것은 아닙니다. 그럼 상대방을 어떻게 존중하면 좋을까요?

존중을 이야기할 때 흔히 거론되는 두 가지 법칙이 있어요. 바로 황금률(The golden rule)과 백금률(The platinum rule)입니다.

황금률은 '내가 대접받고 싶은 것처럼 상대방을 대접하라'는 거예요. 상대가 나에게 해 주기 바라는 그대로 그 사람을 잘 대접하고, 내가 듣기 싫어하는 말이나 행동은 상대에게도 하지 말라는 거죠. 그런데 여기서 주의해야 할 점이 있어요. 황금률은 나와 상대가 원하는 것, 싫어하는 것이 거의 같을 거라고 가정해요. 그래서 사람마다 다양한 호불호(好不好)가 있다는 점을 간과할 수 있죠.

백금률은 황금률에서 한걸음 더 나아간 존중의 방식이에요. '상대방이 대접받고 싶어하는 대로 그를 대접하라'는 것입니다. 특히 좋아하는 사람을 대할 때는 백금률을 생각하면서 행동하면 좋아요. 백금률에 따라 행동하면 그 사람은 여러분에게 존중받고 있다고 느낄 거예요.

그런데 상대가 어떤 대우를 바라는지 도대체 어떻게 알 수 있을까요? 맞아요, 물어봐야 합니다. 예를 들어, 좋아하는 사람과 같이 시간을 보내고 싶을 때 백금률을 써 보는 거예요. "너 영화 보는 거 좋아해?" "나랑 쇼핑하러 갈래?" "같이 공부할까?"처럼 구체적으로 같이 무언가를 하는 게 어떤지 의견을 묻는 거죠. 상대방이 어떤 것을 좋아하고 좋아하지 않는지 부드럽게 물어보면 됩니다.

그렇게 함께 시간을 보내다가 서로 좋아하는 감정이 생겼을 때, 그 사람의 마음을 물어보면 좋지 않을까요? "나는 네가 좋은데, 넌 나를 어떻게 생각해?" "나랑 사귈래? 우리 오늘부터 1일 할까?" 하고 상대의 생각과 의도를 묻는 거죠. 긍정적인 답이 돌아온다면 더 많은 시간을 함께하고 소통하면서 점차 깊이 알아 가면 됩니다.

그럼 상대의 답이 부정적이라면 어떻게 해야 할까요? 예전에는 "열 번 찍어 안 넘어가는 나무 없다"는 말도 있었어요. 하지만 이는 자칫 상대방의 의사를 무시하고 배려하지 않는 일이 될 수 있어요. 그러니 상대를 존중하는 백금률을 적용해 보기를 권합니다. "그렇구나. 많이 아쉽지만 혹시라도 마음이 변한다면 알려 줘"처럼 상대의 마음을 존중해 주면서도 자신의 마음도 잘 표현하는 거죠.

서로 관계가 발전하면 자연스럽게 신체적인 접촉도 늘어날 텐데요. 이때 존중은 더더욱 중요합니다. 항상 상대를 존중하고, 백금률을 염두에 두고 행동하는 것이 좋아요. 상대의 의사를 물어보고, 상대가 원하지 않는 신체 접촉은 절대 해선 안 됩니다.

반대로 내가 원하지 않는 접촉이라면 상대에게 정확히 의사를 표현할 수 있어야 해요. 상대가 원한다는 이유로 허용해선 안 돼요. 원하지 않는 경우에는 "싫어" "아니" "안 돼"라고 단호하게 말할 줄 알아야 합니다. 세상에서 내가 가장 존중해야 할 사람은 바로 '나'이기 때문이에요. 백금률을 떠올리며 상대가 어떻게 대우받고 싶어하는지를 고려하는 것도 중요하지만, 나를 어떻게 대우해 주었으면 하는지도 표현하면서 내가 존중받지 못하는 상황을 허용하지 않는 것도 필요해요.

나를 가장 존중하는 것과 남의 뜻을 존중해 주는 백금률이

헷갈린다고요? 상대가 원하지 않는 것은 하면 안 되고, 상대가 원해도 내가 원하지 않으면 하지 않아야 해요. 특히 상대의 압력에 의해 마지못해 데이트를 하거나 불편한 신체 접촉을 하는 상황은 정말 피해야 합니다. 같은 맥락으로 내가 원하더라도 상대가 불편해하거나 싫어하면 절대 더 요구해선 안 돼요.

청소년기에는 성에 대한 호기심 때문에 여러 성인용 영상물에 관심이 생길 수 있는데요. 그런 영상물을 볼 때는 한번 고민해 봤으면 좋겠습니다. 사람에 대한 존중이 느껴지지 않는 영상물이라면 보지 않는 것을 권해요. 영상을 보고 사람을 존중해야 한다는 마음이 훼손되거나 나도 모르게 누군가를 존중하지 않는 행동을 하게 될 수도 있으니까요.

여러분은 좋아하는 친구와 지금 할 수 있는 신체 접촉은 어디까지라고 생각하나요? 손을 잡거나, 팔짱을 끼거나, 어깨에 손을 얹는 정도인가요? 아니면 보다 밀접한 접촉까지 허락할 수 있나요? 만약 이런 부분을 고민하고 있다면, 부모님이나 가까운 어른에게 꼭 상의하기를 바랍니다. 이런 부분에서는 여러분이 아직 어리기 때문에 잘못된 판단을 할 수 있어요.

잘못된 판단으로 크게 상처받거나 후회할 일이 생길 수도 있죠. 그러니 여러분을 사랑하는 어른에게 조언을 구하고, 도움을 받았으면 좋겠어요.

앞으로 사랑하는 사람을 만날 기회가 여러 번 있을 거예요. 그 과정에서 마음 아픈 거절이나 이별을 마주하기도 할 테고요. 그렇지만 그것 역시 성장하는 과정의 일부라는 것을 알았으면 해요. 그렇게 사랑도 조금씩 연습하면서 배워 가는 거예요. 당장은 힘들더라도 시간이 지난 뒤에 돌아보면 좋은 추억으로 기억할 수 있다면 좋겠어요. 그래서 언젠가 여러분을 진심으로 사랑하고 존중해 주는 사람을 만날 수 있기를 바라요. 내 모습 그대로 사랑받고, 존중받는 기쁨과 행복이 여러분을 기다리고 있답니다.

불편한 감정을
다스리는 방법

　즐거움, 기쁨, 괴로움, 불쾌함, 슬픔 등 우리는 다양한 기분을 느끼며 살아요. 일이 잘 풀려서 기분이 좋은 날도 있고, 또 괴로운 문제가 닥치면 우울해지는 날도 있죠. 이따금 찾아오는 힘든 문제를 피하고 좋은 감정만 느끼면서 살 수는 없어요. 그러니 불편하고 힘든 상황을 지혜롭게 헤쳐 나가는 방법을 배우는 게 중요해요. 어려운 상황이 닥쳐도 이겨 낼 수 있다면, 더 넓은 세상으로 거침없이 나갈 수 있을 테니까요.

　소아청소년정신과에서 레지던트를 할 때 배운 중요한 양육 원칙이 있어요. '아이들은 만족감과 좌절감을 균형 있게 경험하면서 자라야 한다'는 거였어요. 인생이 만족만으로 가득 차

있을 수 없기 때문에 좌절을 다루는 방법도 배워야 한다는 거죠. 특히 두뇌가 계속 성장하는 청소년은 좌절을 무조건 피하기보다, 좌절을 통해 불편한 감정들을 다루는 방법을 훈련하고 배우면 좋아요. 그러다 보면 스스로 해결할 수 있는 것이 더 많아지고, 활동 영역이 넓어지죠. 결국 내가 누리고 탐험할 수 있는 세계가 확 넓어진답니다.

어느 날은 게임을 하다가 운이 안 따라 줘서 질 수 있어요. 공부를 열심히 했는데도 성적이 잘 안 나올 수 있고요. 때론 친구가 나를 무시하는 말을 해서 기분이 나쁘기도 하겠죠. 또 인기 있는 친구들 그룹에 못 들어가서 속상하거나, 좋아하는 사람에게 용기 내 한 고백을 거절당할 수도 있어요. 자존심 상하고, 실망스럽고, 도망치고 싶은 마음을 추스리고 다시 일어나는 것은 어른들에게도 쉽지 않은 일이에요. 이럴 때 찾아오는 불편한 감정들을 우리는 어떻게 다스려야 할까요? 불편한 마음이 나를 가로막지 않도록 하는 마인드 트레이닝 방법을 알려 드릴게요.

제가 '뜨거운 감자 요법'이라고 이름 붙인 훈련법이 있어요. '뜨거운 감자(Hot potato)'는 영어에서 모두가 껄끄러워하고 다루기 싫어하는 문제를 말하는데요. 세상을 살아가다 보면 뜨거운 감자를 맞닥뜨리는 순간이 찾아와요. 그러니 뜨거운 감자를 만나면, 피하거나 던져 버리는 대신 손 안에서 잘 다루는 능력을 기르자는 것이 '뜨거운 감자 요법'이에요. 뜨거운 감자를 잘 다루는 능력이 생기면 용기 있는 행동을 할 수 있어요. 불편한 상황도 충분히 다스릴 수 있다는 자신감이 생기기 때문이죠. 두려움, 분노, 속상함, 불쾌함 같은 여러 가지 뜨거운 감자를 다루는 방법을 이제부터 연습해 보세요.

남과 의견이 다를 때 내 의견을 말하기가 불편하고 어려운가요? 그렇다면 할 말을 써 놓고 연습해 보는 게 도움이 돼요. 어른들도 다 이렇게 한답니다. 혼자 소리 내서 여러 번 읽어 봐도 되고, 거울을 보면서 말하는 연습을 해도 되고요. "네가 어제 그렇게 말해서 기분이 나빴어" "네가 항상 먼저 했으니까 이번에는 내가 먼저 할게"처럼요. 그래도 친구 앞에서 잘 말하지 못할 것 같으면 형제나 부모님과 함께 역할을 정해 연습해 볼 수도 있어요.

처음에는 불편한 마음에 뜨거운 감자를 그냥 피하고 싶은 마음이 들 거예요. 그런 감정을 알아채고 당당히 부딪혀 보는 것이 이 훈련의 목적이에요. 반복해서 연습하면 뜨거워서 도 저히 손에 쥘 수 없을 것만 같던 감자가 덜 뜨겁게 느껴질 거 예요. 그럼 점점 더 잘 다룰 수 있게 돼요. 기껏 뜨거운 감자 요법을 연습해서 자기 생각을 말했는데, 상황이 더 어색하고 힘들어질 수도 있겠죠. 하지만 그 상황 역시 결국 또 다른 뜨 거운 감자일 뿐이에요. 처음에는 잘 안 되더라도 배우는 과정 이라고 생각하며 계속 연습하면 더 능숙해질 거예요.

연습할 때는 몸의 자세가 중요해요. 천천히 심호흡을 하면 몸이 뇌에게 '평안하다'라는 신호를 보내요. 또 자신감 있는 자세를 취하면 몸이 뇌에게 '나는 가치 있는 사람이다'라는 신 호를 보낼 수 있어요. 몸과 뇌가 서로 소통하는 거죠. 뇌가 나 를 가치 있다고 생각하면 자신감 있는 자세가 나오고, 자신감 있는 자세를 취하면 뇌에게 '나는 가치 있는 사람이다' '나는 할 수 있다'라는 신호를 보낼 수 있어요. 일부러라도 웃으면 기분이 좋아지는 것과 같은 원리예요.

세상을 살면서 여러 뜨거운 감자를 만났을 때 꼭 필요한 것 은 '용기'예요. 용기는 겁이 없는 게 아니에요. 겁나고 두렵지 만, 그럼에도 해 보는 마음이에요. 그러므로 용기 있는 사람은 불편한 감정을 다루는 뜨거운 감자 요법을 부단히 연습한 사람이라고도 할 수 있어요. 자신을 믿고, 두려운 감정을 피하지 않고 다스리는 사람인 거죠. 여러분도 인생을 좀 더 용기 있게 살기 위해 지금부터라도 뜨거운 감자를 다루는 훈련을 조금씩 해 보기를 바라요.

뜨거운 감자 요법

1. 내 감정을 들여다보자. 내가 불편해하는 상황, 피하고 싶은 감정은 무엇일까?

   예 남이 화를 낼까 봐 / 미움받을까 봐 / 내 의견이 무시당할까 봐 / 남 앞에서 창피당할까 봐 / 제안했다가 퇴짜 맞을까 봐

2. 불편한 상황이 닥쳤을 때 예의를 지키며 담담하게 의견을 말하는 연습을 해 보자.

   예 적어 보기 / 거울 보고 말하기 / 역할놀이 해 보기

3. 심호흡을 하면서 "나는 불편한 상황과 불편한 감정을 다룰 수 있다 (I can handle it)"라고 되뇐다.

4. 용기를 내어 연습한 대로 실천해 본다.

5. 혹시 결과가 좋지 않더라도 뜨거운 감자 요법을 시도한 나에게 "용감했어. 잘했어"라고 말해 준다. 또 "나는 이 실망스러운 감정을 다룰 수 있어"라고 되뇐다. 실패는 '지는 것'이 아니라 '배우는 것'임을 명심한다.

나는 내가 지킬 거야

안타깝게도 요즘은 학교 폭력, 집단 괴롭힘(왕따)이 여기저기서 많이 일어나는 것 같아요. 사이버불링(Cyberbullying)도 많고요. 간혹 마음이 착하고 배려심 많은 친구가 왕따를 당하는 경우가 있는데요. 이런 어려움을 겪고 있는 학생들이 생각보다 훨씬 많아요. 왕따나 괴롭힘을 당해 자책하거나 힘들어하는 친구가 있다면 꼭 말해 주고 싶어요. 그건 '내가 못생겨서, 작아서, 공부를 못해서, 바보 같아서'가 절대 아니라고요. 그런 상황이 벌어진 건 결코 피해자의 잘못이 아니라고요. 왕따를 예방하기 위해서는 가해자인 친구들의 마음과 행동이 교정되어야 해요.

살다 보면 사람들과의 관계에서 왕따, 괴롭힘, 구박, 갑질 같은 심리적 공격을 당할 수 있어요. 그때 꼭 잊지 말아야 할 것이 있어요. 바로 "무슨 일이 있어도 나는 가치 있는 사람이다"라는 말입니다. 앞에서도 이야기했듯 이 세상에 나보다 더 가치 있는 사람은 없다는 사실을 기억해야 해요.

모든 사람은 존중받아야 합니다. 성적, 외모, 경제적 여건, 성격, 장애 여부 등을 떠나 누구든 그 존재 자체만으로 소중하죠. 누구도 내게 모욕을 주거나 폭언을 하는 등 함부로 대할 권리나 자격은 없어요. 반대로 여러분 역시 어떤 이유로든 다른 친구를 괴롭히거나 그 일에 참여하는 일은 절대 없어야 해요.

학교에서 친구들이 나를 부당하게 대한다면 "넌 나한테 이렇게 하면 안 돼" "그러지 말고 날 이렇게 대해 줘"라고 말할 수 있어야 해요. 다른 사람이 나를 어떻게 대할지는 내가 가르쳐 주는 거라고 했죠? 일종의 '나 사용 설명서'를 내놓는 거예요.

올바른 친구 관계를 맺으려면 작은 문제가 생겼을 때 친구에게 설명해 줄 수 있어야 해요. "네가 나보고 자꾸 뭐 사오라고 시키는 거 이제 싫어"같이 자기 의견을 분명히 말하는 거죠. 이때 나를 소중히 여기는 친구는 내 의견을 존중해 줄 거예요. 그런데 착한 친구를 만만하게 보고 자기 욕심을 채우려 하거나, 별 이유 없이 계속 사람을 괴롭히는 친구라면 더 비꼬는 태도를 보일 수 있어요. 그것은 반드시 달라져야 할 부분이에요.

친구로부터 무시를 당하거나 동등한 대우를 받지 못했을 때는 선 긋는 연습을 해 보세요. "네가 나를 돼지라고 부르는 것이 기분 나빠. 앞으로 그렇게 부르지 마"처럼요. 이런 말을 할 용기가 바로 나지 않으면, '뜨거운 감자 요법'을 떠올리며 크게 심호흡을 몇 번 해 보세요. 그리고 스스로 "나는 이 상황을 다룰 수 있어(I can handle it)"라고 말해 주세요. 그런 다음 단호하지만 무례하지 않은 표정과 톤으로 내 의견과 기분을 표현하는 거예요.

친구가 "너 옷이 왜 그렇게 촌스러워" 같은 무례한 말을 한다면, 단호한 목소리로 "그런 말은 기분 나빠. 조심해 줘"라고 해 보세요. "너 선 넘었어"라고 알려 주는 거죠. 부끄럽다고 기분 나쁜 것을 숨기기보다 이렇게 솔직하게 감정을 드러내는 것이 좋아요. "너, 키가 작아서 땅에 붙어 다니네" 같이 농담 섞인 말도 내가 기분 나빴다면 "그렇게 말하니까 기분이 좀 안 좋다. 그런 말 하지 말아 줘"라고 알려 주세요. 듣는 사람이 기분 나쁜 이야기는 농담이 아니라 놀림이나 괴롭힘이랍니다.

여기서 선 긋기를 할 때 감정적으로 너무 흥분하지 않도록 주의해야 해요. 몸을 부들부들 떤다거나 우는 것은 도움이 되지 않고, 오히려 더 놀림받는 역효과를 가져올 수도 있거든요.

몸짓도 일종의 언어라고 할 수 있답니다. 평소에 드러나는 모습이나 자세는 그 사람이 어떤 사람이라는 이미지를 만들어 줘요. 고개를 들고 허리와 어깨를 활짝 펴고 당당한 자세를 연습해 보세요. 키를 늘리는 것처럼 쭉 편 자세가 좋아요. 입꼬리를 약간 올리며 여유 있는 웃음을 짓는 것도 좋아요. 내가 가치 있는 사람이라는 메시지를 자세로 보여 주는 거죠. 나를 존중하지 않는 친구들 앞에서 움츠러들어 있으면 나를 더 만만하게 볼 수 있어요. 하지만 원하는 자세가 곧바로 안 나온다고 해서 너무 자책할 필요는 없어요. 매일 거울을 보고 연습하면서 조금씩 나아지면 되니까요.

내 의견을 잘 설명하면서 선을 긋는데도 친구가 계속 선을 넘는다면 부모님이나 선생님처럼 믿을 만한 어른에게 꼭 알려야 해요. 문제가 더 커지기 전에 도움을 청해야 합니다. "엄마 아빠, 친구가 저를 불편하게 하는 일이 계속 일어나고 있어요. 제가 말을 했는데도 멈추지 않아요. 어떻게 하면 좋을까요?" 하고 의논해 보는 거죠. 이건 고자질이 아니에요. 여러분을 보호하고, 남을 괴롭히는 친구를 제대로 가르치는 것은 어른들의 책임이랍니다. 그런데 자신의 잘못이라는 자책감이나 이런 일을 당하는 것에 대한 수치심 때문에 도움을 요청하지 못하는 친구가 많아서 안타까워요. 학교 폭력은 피해자 때문에 생긴 일이 아니라는 것을 꼭 기억했으면 좋겠습니다.

그래서 내가 존중받지 못하는 상황을 반드시 해결하고, 같은 일이 벌어지지 않도록 적절한 조치를 취해야 해요. 괴롭힘이 계속되도록 그대로 두어서는 절대로 안 돼요. 가까운 어른에게 이야기하기 힘들다면 학교 폭력 상담 전화(국번 없이 117)를 이용할 수도 있어요.

친구들에게 폭력적인 언사나 욕설을 반복적으로 듣는다면, 이는 매우 해로운 관계예요. 이런 경우는 반드시 나쁜 관계의 고리를 끊어 내야 해요. 친구의 괴롭힘 때문에 힘들다면 할 수 있는 한 그 친구와 멀어지는 것이 좋아요.

모든 사람과 친구가 될 필요는 없어요. 그냥 아는 사람으로 지내는 게 더 나은 사람도 많아요. 그러니 나의 몸과 정신에 해가 되는 관계는 끊어 내는 것이 더 현명한 거랍니다. 그것이 바로 나를 스스로 지키는 방법이에요. 좀 아쉬운 마음이 들더라도, 내가 존중받지 않는 상황에 나를 두지 않겠다고 결심해 보세요! 좀 더 편안하고 건강한 환경을 만들어 가게 될 거예요.

저는 여러분이 지금 일어나는 일 때문에 삶을 너무 절망적으로 보지는 않았으면 좋겠어요. 아픔을 극복하고 나면 충분히 더 나은 삶을 살 수 있답니다. 아이돌 그룹 워너원 출신의 가수 강다니엘 좋아하나요? 그는 초등학교 때 여러 번 전학을 다니면서 아무 이유 없이 괴롭힘을 당했다고 한 방송에서 밝혔어요. 4~5학년 때 형들에게 돈을 뜯기고 '눈에 걸리면 그냥 맞던' 시절이 있었다고요. 괴롭고 힘든 어린 시절을 보냈지만, 자신만의 길을 찾은 어른이 되어 촉망받는 가수가 되었죠. 그 뒤 같은 초등학교를 다녔던 친구가 연락해 사인을 부탁했을 때, '나 좀 열심히 하고 있구나' 하는 뿌듯함을 느꼈다고 하죠.

또 '곽튜브'라는 여행 유튜버도 방송에서 학창 시절 심한 괴롭힘을 당했다고 말했습니다. 당시에는 자살을 결심할 정도로 굉장히 힘들었다고 해요. 결국 어머니에게 털어놓고 학교를 그만두었죠. 그 뒤로도 한동안 힘든 시간을 보냈지만, 지금은 아픔을 딛고 유명한 여행 유튜버가 되었습니다.

뿐만 아니라 세계적으로 유명한 기업가 일론 머스크, 가수 레이디 가가, 수영 선수 마이클 펠프스 등도 어린 시절 심한 괴롭힘과 학교 폭력을 당했다고 해요. 하지만 지금은 어떤가요? 길을 잘 찾아 아주 멋진 어른이 되어 세상을 살아가고 있죠. 그러니 지금 힘들더라도 그것이 여러분의 평생을 완전히 좌지우지한다고 생각하지 말기를 바랍니다. 미래에는 여러분이 더 멋진 사람이 되어 있을 거니까요.

마지막으로 혹시라도 지금 괴롭힘을 당하고 있다면, 어른으로서 잘 보호해 주지 못해서 미안하다고 말하고 싶습니다. 지금이라도 여러분을 도와줄 수 있는 어른과 짐을 나눠 상황을 해결하고, 지금까지 받은 상처가 치유되기를 바랍니다.

어떤 나쁜 일도
반드시 끝이 있어

여러분 혹시 '이렇게 사는 것보다 그냥 세상에서 사라지는 것이 더 낫겠다, 죽어 버리는 것이 낫겠다'고 생각하거나 말한 적 있나요? 여기서 더 나아가 '죽고 싶다'는 생각이 든 적도 있나요? 슬프게도 우리나라에서 청소년기에 자살을 생각해 보는 경우가 10~15퍼센트나 된다는 조사 결과가 있어요. 또 다른 설문 조사에서는 청소년 중 거의 네 명당 한 명꼴로 이런 생각을 해 본 적이 있다고 대답했다고 해요. 물론 이런 생각을 실제 행동으로 옮기는 경우는 훨씬 드물어요.

청소년기에는 특히 학업 스트레스도 늘어나고, 친구 관계

뿐 아니라 여러 곳에서도 곧잘 어려움이 생겨요. 그러다 보면 '아, 나를 힘들게 하는 것들이나 상황이 하루빨리 사라졌으면 좋겠다'는 생각을 하는 것도 이해돼요. 그렇지만 '생명을 끊고 싶다' '죽고 싶다'는 생각은 매우 위험합니다. 더욱이 청소년은 어떤 생각이 들었을 때 충동을 조절하는 능력이 아직 부족해요. 신중하게 여러 정황을 고려하기보다 충동적으로 행동할 수 있어서 더 위험하죠. 그러니 꼭 도움을 받아야 해요.

청소년이 '자살'을 생각하는 이유는 자신이 처한 상황이 너무 힘들고 버거워서 견딜 수 없기 때문인 경우가 많아요. 여러분 중에도 하루하루 힘든 시간을 보내는 친구가 있을 거예요. 하지만 만약 그 상황이 지나가거나, 바뀌거나, 해결된다면 분명히 계속 살아가고 싶어질 거예요.

제가 정신과에서 수련을 받을 때 자살은 '일시적 문제를 영원한 해결책으로 푸는 격'이라는 표현을 들었어요. 영원하지 않은 어려움이나 상황을 해결하려고 한 건데 돌이킬 수 없는 영원한 결과를 낳는다는 말이죠. 실제로 자살을 시도했다가 살아난 사람 대부분은 살아 있어서 참 다행이라고 말합니다. 살아 있기 때문에 감사하다고요.

아무리 생각해도 지금 처해 있는 상황이 끝나지 않을 것 같나요? 자신에게 일어나고 있는 일들이 절망적이고 답이 없어 보일 때(또는 그런 친구가 있다면)는 꼭 부모님이나 믿을 수 있는 어른에게 도움을 청하세요. 도움을 요청할 줄 아는 것도 능력이고 용기가 필요한 일이라고 말했죠? 도저히 풀 수 없을 것만 같은 문제일지라도 어른과 이야기하다 보면 여러분이 생각지 못했던 방법이 나올 수 있어요. 어른들도 여러분과 같은 고민을 하며 청소년기를 겪었기 때문이에요. 그리고 여러분보다 훨씬 더 많은 경험을 통해 여러 어려운 상황을 해결해 봤을 테니까요.

혹시 주위에 의논할 만한 어른이 없거나 이야기하기 힘든 상황이라면, 청소년 사이버상담센터(국번 없이 1388)를 이용해도 좋아요. 비대면 상담이나 문자 상담도 가능하답니다. 좋은 상담 선생님이 여러분의 이야기를 듣고 함께 고민하면서 조언을 해 줄 거예요. 때로는 나를 믿고 걱정해 주는 어른과 고민을 나누었다는 것만으로도 그 괴로움이 훨씬 가벼워지고 마음이 편안해질 수 있어요.

어떤 일도 영원하지 않다는 사실, 또 그로 인한 고통이나 괴로움 역시 영원하지 않음을 꼭 기억하세요. "이 또한 지나가

리라"라는 말 들어 봤죠? 영어로는 "This too shall pass"라고 해요. 부모님의 불화, 불우한 가정 형편, 성적 문제, 친구 관계 등 영영 끝나지 않을 것 같은 상황도 언젠가 끝이 나거나 바뀝니다. 그러니 힘든 상황과 처지를 비관적으로 바라보며 삶을 포기해선 안 돼요.

스스로 존중받아 마땅한 사람임을 잊지 말고, 힘들어도 꼭 자신을 아끼고 사랑하고 존중해 주세요. 그리고 사랑하는 사람들을 생각하면서 내가 하고 싶은 것은 무엇인지, 어떤 사람이 되고 싶은지 떠올려 보세요. 여러분 앞에는 지금보다 더 좋은 날이 많이 기다리고 있답니다. This too shall pass! 지금 여러분의 어려움 또한 지나갈 테니까요. 여러 가지 문제로 힘들어하고 있는 여러분, 사랑하는 사람들의 도움을 받으면서 조금만 견뎌 내 보세요. 저도 사랑을 담아 응원합니다!

난 왜 이렇게
무기력할까?

재미있는 실험 이야기를 하나 해 볼까요?

미국의 심리학자 마틴 셀리그먼 박사의 동물 실험입니다. 개 24마리를 세 그룹으로 나누어 한 마리씩 실험 상자에 넣고 실험했습니다. A그룹에는 가벼운 전기 충격을 주다가 개가 버튼을 누르면 충격이 멈추도록 했어요. B그룹은 버튼을 눌러도 전기 충격이 멈추지 않게 했고요. 그리고 충격량을 동일하게 주기 위해 두 그룹을 연동해서 A그룹이 버튼을 누르면 B그룹에도 같이 충격이 멈추도록 했어요. 마지막으로 C그룹에는 전기 충격이 없는 편안한 환경을 제공했습니다.

24시간 뒤 A, B, C 그룹의 개들을 각자 새로운 상자로 옮겼어요. 가운데에 낮은 담이 있고, 한쪽은 전기 충격이 있는 반면 다른 한쪽은 충격이 없었죠. 그리고 개들을 하나씩 전기 충격이 있는 쪽에 두었습니다. 그러자 개들은 어떻게 행동했을까요?

A, C 그룹의 개들은 담을 넘어 전기 충격이 없는 안전한 곳으로 대피했어요. 하지만 놀랍게도 B그룹 개들은 전기 충격을 견디며 가만히 있었죠.

왜 이런 일이 일어났을까요? A그룹은 학습을 통해 전기 충격을 피하는 방법이 있다는 것을 배웠어요. C그룹은 안전한 환경에서 지내 왔기에 본능적으로 불편한 환경을 피해 달아날 수 있었죠. 하지만 B그룹은 자신이 아무리 노력해도 위험을 피할 수 없다는 것을 학습했습니다. 외부(A그룹의 버튼)에 의해 변하는 환경을 스스로 바꿀 수 없다고, 자신은 무기력하다고 배운 거죠. 셀리그먼 박사는 이를 '학습된 무기력(Learned helplessness)'이라고 이름 붙였어요.

사람도 마찬가지입니다. 우리 주변에는 '학습된 무기력'을 경험하는 사람이 많습니다. 아무리 애써도 스스로 환경을 바꿀 수 없다고 믿는 거예요. 이들에게 필요한 것은 '메타인지(Metacognition)' 능력입니다. 자신의 생각과 거리를 두고 좀 더 객관적으로 검토하고 판단하는 능력을 말합니다. '아무것도 할 수 없다'는 생각이 학습된 무기력에 의한 것은 아닌지 점검해 보고 좀 더 객관적으로 판단해 보는 거죠. 메타인지 능력이 있다면, 문제 해결의 물꼬를 틀 수 있습니다. 선택의 여지가 없는 것이 아니라 내가 할 수 있는 일이 있다는 것을 깨닫기만 한다면, 그 작은 담을 넘는 선택을 할 수 있을 테니까요.

짙은 안개 속에 있는 것처럼 앞이 안 보여도 일단 한 발 내디뎌 보는 거예요. 무기력하게 가만히 웅크리고만 있지 말고 억지로라도 한번 일어나 보는 건 어떨까요? 내 앞에 있는 담이 걱정하는 것만큼 높지 않을 수도 있답니다. 그렇게 처음 한 걸음을 먼저 떼어 보는 거예요. 그러면 다음 징검다리가 보이고, 또 힘을 내면 그다음 징검다리가 보일 거예요.

때로는 넘어질 수도 있겠죠. 그래도 괜찮다고, 실패는 지는 것이 아니라 배우는 것이라고 여긴다면 다시 일어날 수 있어요. 그렇게 찬찬히 나아가다 보면 어느 순간 앞을 가렸던 안개가 걷히고, 여러분이 원하던 길이 눈앞에 펼쳐질 거예요. 만약 내가 생각했던 것과 전혀 다른 곳에 도달해 있다 해도, 성실하게 지나 온 과정과 거기서 일군 결과는 만족스러울 거랍니다. 두꺼운 책을 한 장 한 장 넘기는 수고 끝에 어느덧 완독할 수 있는 것처럼요. 꾸준히 한 걸음씩 내딛는 삶을 살다 보면 언젠가는 여러분이 주인공인 책 한 권이 탄생하는 거죠. 너무 두꺼운 책이라고 지레 포기하고 무기력해지지 말기를 바라요. 그건 학습된 무기력일 수 있으니 할 수 있는 만큼 책장을 일단 넘겨 보세요. 그 책의 결말이 더욱 뿌듯하게 느껴질 테니까요.

즐길 때와 멈출 때,
그건 내가 정한다!

코로나19 팬데믹이 여러분에게 남긴 것은 무엇인가요? 아주 이상하고 특별한 일상을 안겨 주지 않았나요? 그렇게 가기 싫어했던 학교와 학원에 안 가도 되었을 때, 처음에는 '이게 웬 떡이냐!' 하며 좋아하지 않았나요? 가족과도 많은 시간을 함께할 수 있었고요.

그런데 '현타'가 온 학생도 많을 거예요. 번아웃(Burnout)이 올 정도로 과도한 공부에 시달리다 갑자기 굉장히 많은 자유 시간이 주어진 거잖아요. 게다가 학교만 못 가는 것이 아니라 온갖 재미난 것, 의미 있는 것을 못 하게 되었으니까요. 축구도 못 하고, 영화관에도 못 가고, 친구와도 자유롭게 만날 수 없게 되고…… 그런 시간이 길어질수록 기쁨은 점차 실망감으로 바뀌었겠죠.

집에서 딱히 할 게 없으니 게임과 유튜브 시청 시간만 늘어난 친구도 많을 거예요. 문제는 이런 여러분을 바라보는 엄마 아빠의 시선이 별로 좋지 않다는 거죠. 여러분은 부모님이 싫어한다는 걸 알지만, 시간 가는 줄 모르고 미디어에 빠져들고요. 비밀을 말씀드리면, 여러분만큼 어른들도 미디어에 쓰는 시간을 조절하기 어려워요! 소셜 미디어나 유튜브에 긴 시간을 낭비하는 어른도 많아요. 그만큼 시청 시간을 조절하는 것은 쉽지 않아요.

게임을 하고 유튜브를 보는 것이 그 자체로 나쁜 건 아니에요. 문제는 스스로 조절하지 못하는 상태에 이를 수 있다는 거예요. 어른들에게 술이 그 자체로 문제가 아니지만, 조절하지 못해서 과음하고 알코올 중독에 빠질 수 있는 것과 같은 맥락이죠. 여러분이 만약 게임에 빠져 해야 할 숙제를 하지 않거나, 식사도 제대로 하지 않고 잠도 자지 않으면서 종일 게임이나 스마트폰에 매달려 있다면 과몰입이나 중독을 의심해 볼 만해요.

게임은 하면 할수록 재미있고 점점 더 하고 싶어지는 게 당연해요. 상대를 이기거나, 성을 쌓거나, 레벨 업을 하는 등 성취를 이루면 뇌에서 도파민이 방출됩니다. 도파민은 보상회로를 계속 자극해서 기분이 좋아지고 게임을 더 하고 싶게 만들어요. 우리 뇌가 도파민에 취하는 셈이에요. 이런 상태에서 자기 조절 능력이 약해지면서 게임을 멈추기가 매우 힘들어져요. 특히 어른보다 자기 조절력이 미숙한 청소년은 게임을 멈추는 데 더 큰 노력이 필요하죠. 그래서 더더욱 게임 시간을 스스로 조절하는 능력을 기르는 게 중요해요. 어른들이 술자리에서 취하지 않으려고 자신의 주량을 조절하며 마시는 것처럼 여러분도 도파민에 취하지 않도록 즐길 때와 멈출 때를 구분해야 해요.

또 한 가지 걱정스러운 것은 게임에 과몰입하거나 스마트폰을 과다 사용하면, 뇌의 특정 부분만 주로 사용하게 된다는 점이에요. 그래서 다른 여러 뇌 기능이 덜 발달할 수 있어요. 주의 집중력이 낮아진다는 연구 결과도 있고요. 부모님이 걱정할 만도 하죠?

부모님이 "게임 그만하고 공부해라" "게임만 해서 앞으로 뭐가 되려고 그러니?" 같은 잔소리를 하기 전에 스스로 알아서 조절하는 훈련을 해 보는 게 어떨까요? 여러분의 뇌를 골고루 발달시켜 보는 거예요. 부모님도 그런 여러분의 노력을 옆에서 지지해 줄 거랍니다.

스스로 게임과 스마트폰 하는 시간을 조절하는 데 도움이 되는 훈련 방법을 하나 알려 줄게요.

먼저 자신을 모니터링(monitoring)해 보세요. 자신이 지금 어느 상태인지를 모르면 개선할 방법을 찾기 어려워요. 여러분은 하루에 얼마나 게임하기와 유튜브 보기에 시간을 쓰고 있나요? 실제로 모니터링을 해 보면서 내가 너무 많은 시간을 허비하고 있지는 않은지 살펴보는 거예요.

그러기 위해서 첫 번째로 미디어나 게임에 쓰는 시간을 기록하는 습관을 들이면 좋아요. 이때 타이머가 큰 도움이 돼요. 타이머 기능이 있는 스마트폰 앱을 사용할 수도 있겠죠. 모래시계를 좋아한다면 그것도 괜찮아요. 다이어트를 할 때도 매일매일 먹은 음식을 다 적어 보는 것이 도움이 되잖아요. 마찬가지로 시간을 기록하는 습관은 시간을 활용하는 태도에 변화를 가져다줍니다.

한번 가만히 생각해 보세요. 대부분 게임이 진행되는 동안에는 화면에 시간이 표시되지 않는다는 걸 알 수 있어요. 왜 그럴까요? 그건 백화점이나 쇼핑몰에 시계가 없는 것과 같은 이유일 거예요. 시간 가는 줄 모르고 정신없이 쇼핑을 더 오래 하게 만드는 거죠. 그래서 게임을 적절히 조절하면서 재미있게 즐기려면 게임에 얼마나 시간을 보냈는지 스스로 체크하는 것이 중요해요.

두 번째로 게임이나 유튜브 등 미디어에 얼마나 시간을 쓸 것인지 계획하고 스스로 목표를 정해 보는 거예요. '게임은 한 시간만 하고, 국어 시험공부를 하자!' '매일 게임이나 유튜브를 총 2시간만 하는 게 좋겠다!' 하고 계획하는 거죠. 어떻게 하는 게 좋을지 잘 모르겠다면, 하루에 몇 시간을 미디어에 쓰는 게 적절한지 부모님이나 선생님 등 어른과 상의해서 목표를 정해도 돼요.

만약 게임하는 데 너무 많은 시간을 보내느라 정작 해야 할 일을 못 하고 있다면 조절이 필요합니다. 매일 저녁 목표를 이루었는지 점검하는 시간을 가져 보세요. 혼자 해도 좋고, 부모님이나 어른들의 도움을 받아도 좋아요. 하루 목표를 성공적으로 달성했을 때는 나에게 작은 보상을 해 주세요. 좋아하는 간식을 선물하는 것도 좋겠죠. 그렇게 하루하루 목표를 이루면서 일주일 동안 훈련을 잘했다면, 온 가족이 함께 치킨을 시켜 먹는 것도 좋을 거예요.

어때요? 해 볼 만하죠? 이러한 모니터링 방법은 머리로만 인식하던 것들을 실제로 보여 줘요. 내가 인식하는 것은 실제와 다를 수도 있답니다. 객관적으로 모니터링 하면서 스스로 계획과 목표를 세우는 훈련을 하면 자기 조절 능력이 커져요. 계속 연습하다 보면 마침내 자립적이고 독립적인 성인으로 성장할 수 있을 거예요. 내가 얼마만큼 자기 조절 능력이 있는지 궁금하지 않아요? 이제부터 한번 모니터링하며 훈련해 보세요.

또 한 가지 여러분에게 말해 주고 싶은 건 세상에는 게임과 스마트폰 말고도 아름답고 재미있는 것이 정말 많다는 거예요. 다양한 경험을 뒤로 한 채 컴퓨터와 스마트폰에 너무 많은 시간을 보내는 것이 안타까울 정도로요. 미디어 외에 좋아하는 일이나 취미를 찾아보세요.

친구들과 함께 축구나 테니스, 수영 같은 운동을 즐기는 것도 정말 좋아요. 운동을 하면 몸과 뇌가 발달하고 건강해져요. 또 나를 더 많이 표현할 수 있는 활동도 찾아보세요. 음악, 악기 연주, 랩 작사, 댄스, 발레, 연극, 영화 같은 예술 활동도 좋고요. 손으로 하는 다양한 만들기나 도예, 서예, 그림 그리기, 과학 실험도 할 수 있죠. 망원경으로 천체 관찰하기, 드론 띄우기, 고장 난 전자 제품 고치기, 화초 기르기와 곤충 기르기 같은 것들도 도전하고 경험해 볼 수 있을 거예요. 코딩으로 내가 원하는 프로그램을 만들어 보는 것도 재미있겠죠. 흥미로운 책을 골라 읽는 즐거움도 한번 느껴 보세요. 만화책도 좋아요. 좋아하는 분야의 책 읽기와 글쓰기 역시 자신을 표현하고 상상력을 키우기에 좋은 활동이에요. 공부 스트레스에 찌든 뇌를 식히는 데도 도움을 주고요. 요리를 배우는 것도 정서를 차분하게 해 줘요. 내가 만든 음식을 먹을 수 있다는 즐거움도 있죠. 또 자연과 만나는 것을 취미 삼으면 아주 좋아요. 바다나 산에서 등산이나 캠핑을 하며 대자연을 만끽하는 거예요. 여행은 많은 사람에게 휴식을 주고, 정서 안정에도 도움이 된답니다.

이렇게 다양한 경험 중에 여러분을 설레게 하는 것도 있지 않나요? 그것들이 여러분의 세상을 넓혀 주고, 여러분을 한 뼘 더 성장시켜 줄 거예요. 이 크고 넓고 아름다운 세상을 여러분이 꼭 경험해 보기를 바라요.

영어 울렁증
저리 비켜!

영어 공부를 재미있어하는 친구 있나요? 모든 공부가 그렇겠지만, 대부분은 영어 공부에 재미를 느끼지 못하는 것 같아요. 그런데 사실 영어 공부는 재미있어야 합니다. 이게 무슨 말도 안 되는 소리냐고요?

영어가 뭐냐고 물으면 여러분은 어떻게 대답할까요? '대입 주요 과목'이라고 말할까요? 매우 현실적인 대답이긴 하지만, 사실 영어는 '언어'입니다. 한국어, 일본어, 중국어 등이 언어인 것처럼요.

언어는 다른 사람과 소통하는 도구예요. 영어 역시 다른 사람에게 의사를 전달하는 도구랍니다. 한국 사람인 우리는 한국어를 유창하게 하고, 한국어로 소통을 꽤 잘하잖아요. 영어 공부는 "배고파" "영화 보자" "이것 참 재미있네"처럼 내가 하고 싶은 말을 한국어가 아닌 다른 언어로도 전달하는 방법을 배우는 일이에요. 외국인 친구와도 원활히 이야기하고 즐겁게 지낼 수 있다고 상상해 보세요. 외국인 친구와 같이 게임을 하고, 세계 여행을 다니며 새로운 친구를 만나고, 외국에서 아르바이트를 하는 것 같은 경험을 해 본다고 생각하면 굉장히 멋지고 신나지 않나요?

영어를 배운다는 것은 다른 언어를 통해 나의 세상을 넓힌다는 의미가 있어요. 게다가 영어는 전 세계에서 대부분 공통으로 사용하는 언어예요. 그래서 영어를 잘하면 중국, 일본, 프랑스, 이탈리아 등 여러 다른 나라 사람들과 어느 정도 소통할 수 있어요. '가성비'가 정말 최고죠.

그런데 영어 공부를 힘들어하는 청소년이 많아 안타까워요. 한국의 입시 영어가 힘들다는 점은 저도 인정합니다. 제 조카가 고등학생일 때 풀고 있는 문제지를 본 적이 있었는데, 저도 답을 잘 모르겠는 애매한 문제들이 수두룩하더라고요. 저는 미국에 20년 넘게 살고 있고, 교수로서 레지던트들을 가르치고 있어요. 논문을 포함해 다양한 글을 영어로 쓸 수 있고, 제 의견을 표현하는 데 큰 문제가 없죠. 그런데 저도 풀 수 없는 문제들을 고등학생이 풀고 있는 것을 보니 너무나 놀랍고 암담한 기분이 들었어요.

한국말을 모국어로 사용하면서도 맞춤법이나 띄어쓰기 등에서 굉장히 헷갈리고 애매한 것이 있듯 영어에도 그런 부분이 있어요. 원어민도 헷갈리는 것들을 많은 한국 청소년들이 수많은 시간을 들여 달달 외우고 공부한다는 게 참 안쓰러웠습니다. 많은 친구가 영어 공부를 힘들어하고 재미없어 하는 이유를 알겠더라고요. 게다가 더 안타까운 것은 한국 청소년들은 초등학교 때부터 10년 이상 영어 공부에 수많은 시간과 노력을 들이면서도 영어로 소통하는 데는 자신 없어하죠.

제가 한국의 입시 영어에 관해서 잘 알지는 못하지만, 영어라는 '언어'를 어떻게 생각하면 좋을지 조언해 드리고 싶어요.

다른 언어를 쓰는 두 사람이 의사소통을 해야 하는 상황을 떠올려 보세요. 만약 이때 한 사람이 상대가 편하게 사용할 수 있는 언어를 써 준다면 어떨까요? 어렵지 않게 대화하고 의견을 나눌 수 있을 거예요.

우리는 이런 상황을 꽤 자주 접해요. 한국인은 외국 사람을 만나면 대체로 영어로 이야기를 나눕니다. 누가 시키지 않아도요. 우리와 다른 언어를 쓰는 사람을 배려한 행동이죠. 상대방을 위해서 내가 편한 언어가 아니라 상대가 편한 언어를 써 주는 거예요. 지금까지 여러분은 외국인과는 당연히 영어로 소통해야 한다고 생각했을 수 있지만, 결코 당연한 일이 아니에요. 참으로 관대한 일입니다.

그러니 영어를 잘 못하더라도 조금 더 자신감을 가져도 괜찮아요. "너는 나의 언어를 모르니까, 내가 너의 언어를 써 줄게"라는 배포 있는 자세를 가져도 됩니다. 영어가 유창하지 못하다고 해서 부끄럽거나 미안한 일이 절대 아니라는 거죠. 상대방은 한국어를 거의 못 하는 경우가 더 많잖아요. 오히려 상대가 여러분에게 고마워해야 할 일이랍니다.

저는 대체로 언어를 배우는 것을 재미있어하는 편이었어요. 학교에서 한자를 배울 때도, 불어와 일어를 배울 때도 나름 재미있었거든요. 시험을 잘 치러야 한다는 압박감에 시달리기보다는 새로운 언어를 배운다는 생각으로 공부해서 그랬던 것 같아요.

처음 미국에 왔을 때는 저도 영어를 유창하게 구사하지 못했어요. 슈퍼마켓에서 각종 상품에 표기된 이름이나 설명을 봐도 어떤 물건인지 잘 알아볼 수 없었고요. 병원에서 레지던트로 있을 때는 교수님이 빠른 속도로 쏟아 내는 말을 절반정도 알아들을까 말까 했죠. 그래서 사람들과 소통이 많이 필요하지 않은 뇌영상 연구는 겨우겨우 해냈지만, 환자와 소통해야 하는 임상의학은 저에게는 무리 같았어요. 특히 정신과에서는 환자와 상담하면서 말로 진단하고 치료한다고 해도과언이 아니잖아요. 그런데 제가 미국에서 정신과에 도전한다고 하니 많은 사람이 무모한 일이 아니냐고 반문했죠. 정신과 말고 다른 과에 지원하라고 모두가 진심으로 말렸답니다.

하지만 저는 일단 제가 정말로 하고 싶었던 일에 도전해 보기로 결심했습니다. 정신과에 지원하기로 마음먹었죠. 만약지원한 모든 병원 정신과에 다 떨어지면 그때는 신경과에 가겠다는 생각이었어요. 그렇다 보니 정신과 면접을 보러 갈 때정말 엄청나게 긴장했어요. 제 영어 실력이 부족해 보이면 분명히 저를 떨어트릴 테니까요.

저는 여섯 군데쯤 면접을 봤는데, 면접 때마다 굉장히 준비를 많이 하고 갔어요. 그곳에 있는 유명한 교수님의 논문을 다살펴보고, 질문할 것들을 정리했죠. 미국에서는 면접이 거의 일대일로 이루어져요. 그래서 일방적으로 질문하는 것이 아니라, 대화하듯 진행된답니다. 그래서 질문에 답하기만 하는 방어적 면접을 준비하는 대신 오히려 제가 교수님에게 질문을 하는 공격적인 면접 작전을 짰어요. 교수님의 논문을 읽다가 궁금한 것을 미리 준비해 간 거죠. "교수님께서 진행하신 이 연구에서 A치료가 B치료보다 나은 것으로 보였는데, 왜 기존의 연구 결과와 다르게 나왔을까요?"처럼 말이에요. 그러면 그 교수님은 자신의 연구에 대해서 열정적으로 잘 설명해 주었고, 이런저런 토론을 하다 보면 면접이 긍정적으로 끝나곤 했어요.

그리고 면접 다음날은 몇 명의 지원자와 레지던트들이 함께 저녁을 먹는데요. 그때는 정말 단체로 주고받는 말을 알아듣기가 힘들더라고요. 그래서 저는 그냥 '이상하게 보이지만 말자'고 생각하며 참여했어요. 혼란스럽고 난처한 표정을 짓기보다 미소 띤 얼굴을 유지하자고 다짐하면서요. 그러다가 질문을 받았는데 잘 알아들을 수 없었을 땐 정말 진땀을 뺐죠. 그럼에도 다행히 면접을 본 모든 곳에서 저를 호의적으로 봐주었어요. 덕분에 저는 그렇게도 원하는 정신과 레지던트 프로그램에 합격했죠.

하지만 의사로서 환자가 하는 말을 거의 못 알아듣는 상황은 정말 참담했어요. 제가 한심하게 느껴지고, 환자한테도 미안한 마음에 혼자 몰래 운 날도 많았답니다. 정신과 의사를 포기하고 다른 일을 해야 하나 고민도 했어요. 그런데 시간이 지나면서 점차 제 영어 실력이 늘더라고요. 환자와 만나 열심히 이야기를 듣고, 말로 환자를 치료하는 과정이 강도 높은 영어 공부가 된 셈이에요. 저는 환자들에게 도움을 주고, 그들은 제게 1:1 원어민 강사가 되어 준 거죠. 소아청소년정신과 수련 중에는 어린 환자에게 영어 발음 교정까지 받았어요. 소아 환자는 제가 외국에서 왔기 때문에 발음이 다르다는 것을 이해하지 못했거든요. 제 발음이 정확하지 않으면 "틀렸다"고 말하며 제대로 발음할 때까지 포기하지 않고 집요하게 고쳐 주더라고요. 그렇게 어려운 발음을 하나하나 고쳐 나가다 보니 제 영어 실력은 아주 좋아졌습니다. 어릴 때 미국에 온 것 아니냐는 오해를 살 정도로요.

지금 여러분은 저만큼 고생하지 않아도 좀 더 쉽게 다른 언어를 배울 방법이 충분히 많아요. 인공 지능과 대화하면서 영어를 배우는 것처럼 재미있고 좋은 영어 교육 프로그램도 많이 있죠. 온라인 강의, 유튜브, 영화, 드라마 등을 다양하게 활용할 수도 있고요. 스마트폰 앱을 이용해 언제 어디서나 손쉽게 공부할 수도 있습니다.

그런데 어쩌면 미래에는 외국어를 꼭 배우지 않아도 될지 몰라요. 각종 번역 기능을 가진 앱이나 기기들이 속속 등장하면서 번역과 통역 기술이 나날이 발전하고 있으니까요. 영화 〈승리호〉(2021)에서처럼 두 사람이 서로 다른 언어로 이야기하더라도 이어피스(귀에 장착하는 소형 전자기기)를 끼기만 하면 동시통역되어 아무 불편 없이 소통할 수 있는 시대가 곧 오게될 테니까요.

그러니 영어를 잘 못한다는 이유로 자신이 부족하다고 느끼지 말았으면 좋겠습니다. 영어뿐만 아니에요. 지금 당장 어떤 부분이 모자라다고 해서 너무 자책하지 마세요. 조금씩 익히고 연습하면 돼요. 하고자 하는 일을 이루기 위해 열심히 노력하는 모습은 늘 멋있고 아름답습니다.

영어를 언어로 생각하고 배우는 일은 입시 공부와는 많이 달라요. 그러니 영어 공부를 못한다고 해서 세계를 무대로 하는 꿈을 영어 때문에 포기하진 마세요. 꾸준히 배우고 연습한다면 어느 누구와도 소통할 수 있는 실력이 금세 쌓일 테니까요. 자신감을 가지고 한번 도전해 보세요! 나도 몰랐던 내 안의 언어 잠재력이 어느 순간 날개를 펴고 날아오를지도 몰라요.

5 지지 않는 단단한 마음으로

한번 물면 절대 놓지 않는
핏불처럼

여러분이 좋아하고 존경하는 사람은 누구인가요? 손흥민 같은 운동선수인가요? 에이브러햄 링컨 같은 지도자인가요? 아니면 BTS 같은 아이돌인가요?

재능이 뛰어난 사람들을 보면 '넘사벽'이라는 생각이 들죠? 하지만 이렇게 대단해 보이는 사람들도 사실은 우리와 크게 다르지 않아요. 다만 조금 더 강한 의지와 끈기가 있을 뿐이에요. 심리학 연구에 따르면, 크게 성취하는 사람들에게서 공통적으로 발견되는 특성은 집념과 끈기라고 해요. 즉, 포기하지 않고 끊임없이 도전했다는 거죠. 이들의 명성은 오르막이든 내리막이든 개의치 않고 끈기 있게 앞을 향해 달려간 결과예요. "넌 안 돼" "그런 재능으로는 성공하기 어려워" "그런 건 불가능해" 같은 부정적인 말들이 이들의 노력을 가로막지는 못한 거예요.

미국에는 이런 말이 있어요.

"나는 '아니오'라는 대답은 듣지 않겠다(I won't take 'No' for an answer)."

어떻게든 'Yes'를 받아 내겠다는 자세죠. 좀 강하게 들리기도 하지만, 도전 정신을 높이 사는 미국 문화의 특징을 엿볼 수 있어요. 진심에서 우러나오는 것, 내가 진정으로 원하는 일이라면 이런 마음과 자세로 접근해 봐도 좋아요.

저는 영어를 잘 못했지만, 정신과 의사가 되려는 의지가 매우 강했기 때문에 과감히 미국에서 정신과 레지던트에 도전했어요. 어려운 도전이지만, 오직 정신과 의사가 되어 마음의 문제로 고통받는 사람들을 도와주겠다는 신념을 가지고 포기하지 않았어요. 영어 때문에 많은 고생을 했지만, 마침내 저는 정신과 의사가 될 수 있었죠.

"하늘이 무너져도 정신만 차리면 솟아날 구멍이 있다"라는 속담이 있죠. 절망적인 상황에서도 단단한 정신이 있다면 이겨 낼 수 있다는 뜻이에요. 어려운 환경에서 어떻게 단단한 정신을 유지할 수 있냐고요? 우리가 말하는 강한 멘털이나 의지는 작은 일, 작은 상황에서부터 길러져요.

저는 사실 건망증이 무척 심해요. 저에게는 ADHD가 있거든요. 제 삶은 당황스러운 일들의 연속이에요. 마트에서 돈만 지불하고 물건을 두고 나와서 계산원이 "물건 가지고 가셔야죠" 하고 알려 준 적이 많아요. 요리를 한답시고 불을 켜 놓고 끄지를 않아서 집이 연기로 가득 차고 그을린 적도 한두 번이 아니고요.

한번은 남편과 여행을 마치고 비행기를 타려고 공항에 갔는데, 보안 검색 요원 앞에 가서야 지갑을 호텔에 두고 나왔다는 걸 알아차렸어요. 남편은 당황해서 어쩔 줄 몰라 했죠. 저는 남편에게 먼저 비행기를 타라고 말하고 보안 검색 요원에게 도와달라고 부탁했어요. 신분증을 호텔에 두고 왔는데, 다른 방법으로 신분 확인을 해 줄 수 있는지 물었죠.

물론, 처음에는 웬 얼토당토 않은 소리를 하느냐는 표정으로 쳐다보더라고요. 그런데 제가 분명히 방법이 있을 테니 한번 찾아봐 달라고 하자 다른 사람을 부르더군요. 이런저런 궁리 끝에 신원을 확인하는 공공기관에 연락해 전화 인터뷰로 제 신분을 확인할 수 있었어요. 그래서 무사히 남편과 같은 비행기를 탈 수 있었답니다.

여러분이라면 같은 상황에서 어떻게 했을 것 같나요? 아마 대부분은 신분증 없이 비행기 타는 것을 포기하지 않았을까요? 그런데 제가 다른 방법이 분명히 있을 거라고 생각한 데는 이유가 있어요. 그보다 더 심각한 상황을 겪어 보았기 때문이에요. 제가 영주권을 두고 도미니카공화국에 여행 갔다가 미국으로 못 돌아올 뻔했던 이야기 기억하나요? 그때 저는 2시간 동안 안 된다는 말을 듣고도 포기하지 않았어요. 영주권자라는 신분을 확인할 방법이 없겠냐고 계속 물어보았고, 해결책을 결국 찾아냈죠. 당시 미국 공항 입국 심사관은 자신이 10년 넘게 일하는 동안 영주권도 비자도 없이 입국한 사람은 처음 본다며 놀라워했어요.

이런 경험을 여러 번 하다 보니 저는 불가능해 보이는 일도 쉽게 포기하지 않고 궁리하면 해결할 수 있다는 것을 배웠어요. 제 덤벙대는 성격이 강한 문제 해결력을 길러 준 셈이죠.

이런 저의 문제 해결력은 어린 시절부터 훈련되었을 거예요. 저는 제대로 갖춰진 것이 별로 없는 환경에서 자란 탓에 없으면 없는 대로 임기응변 기술을 익혀야 했거든요.

중고등학교 시절에 살던 집 대문은 고장 나서 안에서는 잠글 수 있지만 밖에서는 잠글 수가 없었어요. 그래서 온 식구가 외출할 때면 제가 마지막으로 안에서 문을 잠근 다음 담을 타고 밖으로 나왔죠. 집에 돌아와서는 다시 담을 타고 들어가서 문을 열었고요. 또 부모님이 두 분 다 이른 새벽부터 밤늦게까지 일하다 보니, 언니와 저는 숙제를 하거나 가방을 챙길 때 부모님의 도움을 받을 수 없었어요. 학교에 책을 들고 가지 않아 옆 친구의 책을 같이 본 적도 무수해요.

이렇듯 많은 일이 순조롭게 이루어지지 않는 환경에서 자랐죠. 하지만 그것이 오히려 문제가 생겼을 때 당황하기보다 침착하게 해결 방법을 생각하는 능력을 키워 주었어요. 효과적인 조기교육을 받았다고 할 수 있죠.

그렇다 보니 남들이 안 된다고 해도 쉽게 물러서지 않고 무엇인가 방법이 있을 거라고 믿고 찾아내는 태도가 몸에 밴 것 같아요. 이런 저에게 남편은 농담을 섞어 '핏불'이라는 별명도 붙여 줬어요. 한번 물면 절대 놓지 않는다고요.

어떤 일을 성취하려 할 때, 특히 쉽지 않은 일을 해내려면 무엇이 필요할까요? 아마도 쉽게 물러서지 않는 태도 아닐까

187

요? 걸림돌에 부딪히더라도 그대로 멈춰 버리지 말고 돌을 뛰어넘거나 옆으로 돌아갈 수 있는 다른 방법을 생각해 보았으면 해요. 한번 물면 절대 놓지 않는 핏불처럼 꿈을 향해 끈기 있게 도전해 보는 거예요. 너무 쉽게 포기하는 사람은 성취라는 열매를 얻기 어렵답니다. 이루고 싶은 꿈이 있다면 핏불의 자세를 꼭 기억하세요.

빛과 그림자는
늘 함께 있어

저는 ADHD를 가진 한 아이를 아주 오랫동안 지켜보았어요. 그 친구는 관심 없는 일에 집중하는 것을 매우 어려워했고, 행동은 늘 산만했어요. 머릿속에서 생각을 정리하지 못해 두서없이 말하고, 다른 사람의 말을 차분히 듣는 것이 어려워 흘려듣거나 말을 자르고 자기 말만 하기 일쑤였어요. 방정리를 잘 못해서 친구들이 "도둑이 들었다가 나간 방 같다"고 했죠. 숙제와 준비물을 잊어버리는 일이 다반사고, 교과서도 잘 챙기지 못했어요. 앉아 있으면 다리를 늘 떨고 손톱을 물어뜯는 등 가만있지 못해서 부모님에게 주의를 받았고요. 학교에서는 쉬는 시간에 창틀에 올라가다가 경고를 받기도 하고, 조심성이 없어서 넘어지고 부딪혀 다치고 멍드는 일이 허다했죠.

사실 이 아이의 이름은 '지나영'이에요. 제 아버지도 ADHD 성향을 가지고 있으니 집안 내력이라고 할 수 있어요. 정리정돈을 못 하고 건망증에, 소지품 분실 등 생활 속 크고 작은 사고는 이루 말할 수 없이 많아요.

ADHD는 주의력 '결핍'이라기보다 주의력 '분배 및 조절 장애'라는 말이 더 정확해요. 또 행동량이 과하게 많고, 생각보다 행동이 앞서는 충동적인 기질을 갖고 있죠. 결국 생각과 말과 행동이 잘 조절되지 않는 특성이 있다고 할 수 있어요.

저는 정신과 의사로 ADHD를 가진 어린 친구들과 가족들을 많이 만났는데요. 가족들은 대체로 그 친구의 미래가 어둡다고 생각해서 몹시 걱정해요. ADHD 성향이 있는 사람은 조심성이 부족한 편이라, 주위 사람을 힘들게 할 수도 있어요. 여러모로 사고 위험이 걱정되는 게 당연해요. 제 남편도 제가 큰 사고 없이 지금까지 무사한 것이 기적이라고 말할 정도랍니다.

그런데 ADHD를 평생 갖고 살면서, 또 20년간 정신과 의사로 일하면서 깨달은 것이 있어요. ADHD 성향이 그 사람의 삶에 온전히 악영향만 끼치는 건 아니라는 거예요. 동전에 양면이 있듯이 모든 성향에는 장단점이 공존해요.

ADHD의 첫 번째 특징은 한곳에 집중하기 어렵고 잡생각이 많다는 거예요. 산만한 행동은 주변 사람들로부터 지적을 많이 받아요. 정작 해야 할 일이나 공부에는 집중하지 않고 다른 생각에만 빠진다고요. 하지만 다른 관점에서 보면, 이런 문제는 학교나 가정이 ADHD를 가진 사람에게 너무 일방적인 관심이나 재능을 요구하기 때문이기도 해요. 자신에게 맞는 재능과 관심을 찾을 경우 ADHD 성향은 오히려 거기에 몰입하는 데 도움이 될 수도 있어요. 마치 물고기가 물을 만난 것처럼요.

저는 학창 시절에 과학에 흥미를 느껴 틈만 나면 과학실에 가서 여러 실험 기구를 가지고 놀았어요. 결국 의학이라는 과학 분야에 종사하는 사람이 되었죠. ADHD가 있는 사람들은 이렇듯 자신이 관심 있는 것에 몰입하고, 그렇지 않은 것에는 집중하기 어려워하는 성향이 있어요. 그래서 관심과 재능이 있는 것을 찾아 몰입하면 뛰어난 예술가, 작가, 과학자, 발명가가 될 수 있습니다.

두 번째 특징은 정리 정돈을 못하고 건망증이 심하다는 거예요. 이런 덤벙대는 기질은 문제를 일으키기 쉽고, 주변 사람이 늘 신경 써서 챙겨 주어야 해요. 하지만 반대로 이런 성향이 있는 사람은 부족한 것이 많은 환경에도 잘 적응할 수 있다는 장점이 있어요. 주변이 완벽하지 않아도 크게 불편해하거나 당황하지 않고, 문제 해결과 임기응변에 재주를 보일 수 있거든요. 책을 가지고 오지 않았다면 친구에게 빌려 상황을 모면하고, 준비물을 챙기지 못했다면 다른 물건을 찾아 대체하는 것처럼요.

저 역시 아는 사람 하나 없는 미국 땅에서 이리저리 부딪히며 필요한 것을 찾아 채워 나갔어요. 그렇게 미처 준비가 안 된 상황에서도 잘 살아남았죠. 에베레스트 베이스캠프에 등반할 때도 헛간 같은 곳에서 잠을 자고, 전기도 따뜻한 물도 없고, 재래식 화장실을 써야 했지만 잘 견뎌 냈어요. 이런 유형의 사람에게 깔끔하게 정리 정돈을 하라고 하면, 큰 스트레스를 받아요.

다만 남에게 피해를 끼치면 안 된다는 배려의 가치는 배워야 합니다. 어렸을 때부터 공공장소에서는 질서를 지키고 어지럽히지 않도록 훈련해야 돼요. 이때 유의할 점은 반드시 지켜야 할 중요한 몇 가지 규칙만 알려 주는 거예요. 모든 것을 완벽하게 해내야 한다고 하면 힘듭니다.

　세 번째 특징은 부산하고 활동량이 과하다는 거예요. ADHD가 있는 사람 대부분은 어렸을 때부터 엄청난 에너지를 주체하지 못해 잠시도 가만 있지 못해요. 학교에서는 책상 앞에 앉아 있기도 힘들어하죠. 하지만 이런 에너지를 관심과 재능이 있는 분야에 쏟아부으면 엄청난 반전이 올 수 있어요. 그 분야에 재능을 발휘하여 큰 성취를 이룰 수 있죠.

　ADHD를 가진 청소년은 공부할 때도 쉬는 시간을 자주 갖는 게 좋아요. 또 쉬는 시간에는 가만히 앉아 있는 것보다 몸을 움직여 에너지를 소모하는 것이 좋고요. 많은 운동량으로 에너지를 발산하는 축구, 수영, 태권도나 미술, 음악 같은 취미 활동도 도움이 됩니다.

　에너지가 많은 사람은 다량의 신체 운동을 필요로 하는 분야에서 재능을 드러내기도 해요. 세계적인 수영 선수 마이클 펠프스와 다관왕 체조 선수 시몬 바일스도 ADHD 진단을 받았습니다. 본인이 좋아하고 적성에 맞는 스포츠를 찾아내어 과다 행동 증상을 긍정적으로 적용한 대표적인 사람들이죠.

네 번째 특징은 다소 충동적이고 조심성이 부족하다는 거예요. ADHD 성향이 있는 사람은 상황을 신중히 파악하거나 분석하는 데 서툴러요. 생각을 하기 전에 충동적인 말과 행동이 앞서거든요. 남의 말을 끝까지 듣는 것이 힘들고, 본인의 순서를 차분히 기다리는 것도 어려워요. 위험한 상황을 파악하기 전에 뛰어들기도 하고요. 화가 나면 이것저것 생각하지 않고 버럭 화부터 내는 성급한 행동을 하기도 해요. 이런 부분이 문제를 많이 일으키는 것은 사실입니다. 치료가 필요하기도 하고요.

그런데 이런 성급함과 충동성 이면에는 새로운 일에 대한 용기와 대범함이 숨어 있어요. 다른 사람들이 이런 저런 실패 요인을 떠올리며 주저할 때, 먼저 나서서 시작하고 추진하는 과단성이 있죠. 이런 성향이 장점으로 승화되면 불굴의 도전 정신과 앞선 리더십으로 나타난답니다. 새로운 것을 시작하고 열정적으로 몰입하는 사업가나 혁신가가 될 수 있죠.

이렇게 ADHD의 여러 성향에는 장단점이 공존합니다. 결국 중요한 건 '생각의 틀 바꾸기(Reframe)'예요! 약점이 되는 특성과 성향들도 조금만 틀을 바꾸어 바라보면 반드시 장점이 숨어 있어요.

우리는 각자 고유한 기질을 타고나요. 외모나 성격이 천차만별이듯 개인의 특성도 모두 달라요. 그러니 우리 모두가 각자 지니고 있는 장점과 재능을 발견해 키워 나간다면 그것보다 좋은 건 없어요. 틀에 맞추어 모든 사람을 비슷하게 만드는 것은 의미 없고 해로운 일이에요.

여러분에게 ADHD 성향이 있다면, 가지고 있는 기질과 성향을 잘 살리면서 단점을 보완하고 장점을 증폭시켜 발전해 나가길 바라요. 세계적인 기업가, 예술가, 스포츠 선수, 탐험가, 발명가가 되어 다양한 분야에서 활약할 수 있는 잠재력을 갖고 있으니까요. 자신의 성향을 잘 이해하고 그 안에서의 장점을 키워 나간다면 사회에 잘 적응할 수 있을 거예요.

다가올 미래에는 ADHD 성향을 지닌 사람들이 자기만의 창의적인 아이디어, 적응력, 문제 해결력, 높은 에너지와 원동력, 열정, 도전 정신, 용기 등으로 빛을 발할 기회가 많을 거예요. 꼭 필요한 인재가 되어 급격히 발전하는 세상의 원동력이 될 수도 있겠죠.

그러니까 외부의 기준으로 '나는 왜 이럴까' 생각하며 위축되지 마세요. 내가 가진 강점과 약점이 모두 모여 '나'가 된다는 사실을 받아들여 보세요. 저는 여러분이 자신만의 특성과 강점을 찾아 별처럼 빛나는 사람이 되었으면 좋겠어요. '나'는 그 자체로 가치 있고 잠재력이 있다는 것을 꼭 기억하세요.

내가 만드는
내 인생 지도

병에 걸리기 전만 해도 저는 '포모(FOMO, Fear of missing out)'에 빠져 있었어요. 포모는 '놓치는 것에 대한 두려움'을 말해요. 어떤 일이든 참여하지 않으면 무언가를 잃는 것 같은 기분이 들었죠. 그래서 뭐든 빠지지 않고 참여하려고 했어요. 모든 생일 파티에 참석하고, 모든 모임과 행사에도 꼭 꼈어요. 빠지지 않는 정도가 아니라 제가 주도한 행사들이 아주 많았죠.

그런데 병이 찾아오고 나서부터는 그동안 해 왔던 것들을 더 이상 할 수 없었어요. 친구도 못 만나고 모임에도 못 가는 처지가 되니, 처음에는 사람들과 소원해지고 제게 주어진 기회를 잃는 것 같아 '멘붕'이 오더라고요.

제가 할 수 있는 것이 별로 없어서 결국 제 삶에 중요하지 않은 것들을 하나둘 내려놓을 수밖에 없었어요. 지금은 중요한 몇몇 친구들만 가끔 만나고, 이런저런 사소한 모임에는 참석하지 않아요. 이런 생활이 이제는 좋아요. 여러 가지를 모두 하지는 않아도 된다고 스스로 허락해 주니 시간과 에너지를 아낄 수 있어 좋더라고요.

이런 삶이 바로 미국 작가 타냐 돌턴이 말한 '조모(JOMO, Joy of missing out)'예요. '놓치는 것에 대한 즐거움'이죠. 돌턴은 "초대해 줘서 정말 고마워. 근데 이번에 못 갈 것 같아" "진짜 재미있을 것 같은데, 미안하지만 나는 다른 일이 있어"처럼 초대한 사람이나 부탁하는 사람이 마음을 상하지 않도록 거절하는 표현법을 권했답니다.

그런데 여러분이 상대방의 제안이나 초대를 거절하거나 응할 때는 스스로 다음과 같은 질문을 해 볼 필요가 있어요.

'이 일을 하기 위해 다른 것들을 포기해야 하는가?'

'나에게 정말 중요한 일인가?'

'내가 늘 하고 싶던 일인가?'

'내가 궁극적으로 하고 싶은 일에 도움이 되는 일인가, 방해

가 되는 일인가?'

내가 한 결정이 남의 눈치를 보고 잘 보이기 위한 것인지, 아니면 진심으로 하고 싶은 일인지를 묻는 거예요. 나의 에너지와 시간이 귀하다는 것을 되새기며 우선순위를 제대로 세울 수 있어야 해요.

자신을 중심에 두고 사는 것이 이기적이라고 비난하는 사람들도 있긴 해요. 하지만 나를 소중히 여기는 것과 내 이익만을 좇는 행동은 엄연히 달라요. 친구가 하자는 대로 무조건 다 따르지 않고 자신의 시간을 소중히 생각해서 "미안하지만 이번에는 못 가겠어"라고 솔직히 말하는 것은 이기적인 행동이 아닙니다. 그게 바로 자신을 사랑하는 사람의 태도예요. 나를 사랑하고 존중할 줄 아는 사람이 남도 사랑하고 존중할 수 있어요. 그러니 친구의 기분을 맞추는 데 너무 애쓰기보다 자신의 감정과 필요를 소중히 여기는 사람이 되어 보세요.

나를 소중히 하는 방법을 잘 모르겠다고요? 그럼 내 안의 소리에 귀 기울이는 훈련을 해 보세요. 남을 너무 의식하지 않고 나를 1순위에 둔다면 어떨지 질문해 보는 거예요. 지금 내가 하고 싶은 일은 무엇인지, 내 마음을 설레게 하는 것이 무엇인지, 내가 관심 있어 하는 것은 무엇인지 내면의 소리를 들어 보세요. 나를 존중하고 사랑하는 첫걸음이랍니다. 나를 잘 모르는 타인의 말에 휘둘릴 필요는 없어요. 내 삶의 주인은 '나'이니까요.

중요한 일을 결정할 때도 내 안의 소리를 꼭 들어 보세요. 일단 조용한 곳으로 가는 게 좋아요. 남의 목소리나 TV 소리, SNS로부터 멀어져 내 생각을 방해받지 않는 곳으로요. 눈을 감고 가슴 위에 손을 얹은 다음 고민하고 있는 일에 대해 어떤 선택을 해야 할지 하나하나 떠올려 보세요. 그리고 그때마다 어떤 느낌이 드는지 잘 살펴보세요. 그 선택을 했을 때 가슴이 설레나요, 아니면 갑갑한가요? 머리로 생각하는 것을 잠깐 멈추고 마음이 하는 말을 잘 들어 보세요. 저는 중대한 결정을 앞두고 마음의 소리를 듣는 훈련을 했고, 그렇게 선택한 일을 후회한 적이 없어요.

여러분은 아직 중요한 결정을 혼자 내릴 일이 많지는 않을 거예요. 하지만 앞으로 성장하면서 수많은 선택의 순간을 맞이할 거예요. 그때를 위해서 지금부터 내 마음을 읽는 훈련을 해 두는 것이 좋아요. 그래야 자신의 생각과 감정을 알아차리고 표현할 줄 아는 능력이 생겨요. 여러분이 자기 안의 소리를 잘 듣고, 잘 표현하는 사람이 되었으면 좋겠어요. 결국 내가 살아갈 인생의 지도는 내 안에서 만들어지는 거니까요.

　나만의 독특한 특성, 그리고 내가 생각하고, 느끼고, 행동하는 모든 것이 내 인생의 지도를 조금씩 그려 나갈 거예요. 그 지도를 들고 세계로 나가 맘껏 펼쳐 보세요! 온 세상이 별처럼 반짝이는 여러분을 반갑게 맞이할 준비가 되어 있답니다.

부록

하기 싫은 일도
즐겁게 만드는 마법 같은 말

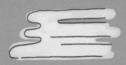

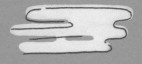

아침에 일어나 학교 가기가 죽기보다 싫었던 적이 있나요? 하루쯤 학원에 빠지고 싶다는 생각을 했던 적은요? 그렇더라도 여러분은 등교를 하고, 학원에 갔을 거예요. 해야 하는 일이라서 어쩔 수 없었다고 말할 수도 있겠죠. 그런데 실은 여러분이 등교를 하고 학원을 가기로 '선택'한 거예요. 일단 하기로 선택했다면, 억지로 괴로워하며 하기보다 즐겁고 기쁘게 하는 것이 좋겠죠?

하기 싫은 일을 어떻게 즐겁게 할 수 있을지 막막하다면, 제 이야기를 잘 들어 보세요. 해야 하지만 하기 싫은 일을 피하고 싶을 때 쓸 수 있는 마법 같은 말을 알려 드릴게요.

생각이 바뀌면 감정이 변하고 행동도 달라진다!

본론으로 들어가기 전에 여러분에게 한 가지 알려 주고 싶은 것이 있어요. 바로 '인지행동치료(CBT, Cognitive behavioral therapy)'라는 거예요. 정신건강의학이나 심리학 분야에 종사하는 사람들의 '영업 비밀'이라 할 만큼 중요한 치료법이랍니다.

보통 우리는 '행동'이 문제가 된다고 생각하죠. 하지만 행동의 기원은 바로 '생각'이에요. 단계별로 살펴보면, 우리가 어떤 생각을 하느냐에 따라 '감정'이 달라져요. 이것은 뇌의 즉각적인 반응이에요. 만약 여러분이 '감사하다'라고 생각하면 뇌에서 세로토닌과 도파민이 나와 기분이 좋아져요. 반면 우울한 생각을 하면 세로토닌과 도파민이 반감되면서 기분이 나빠지죠. 그런데 이렇게 우리가 느끼는 기분은 결과적으로 행동에 큰 영향을 끼칩니다. 그러니 생각이 행동을 좌우한다고도 할 수 있는 거죠.

이 책에서 제가 생각을 전환함으로써 자신과 세상을 바라보는 시각을 바꾸는 방법을 많이 이야기해 주었는데요. 그 원리는 바로 생각을 바꾸면 감정이 바뀌고, 감정이 바뀌면 행동이 바뀐다는 인지행동치료에 기반을 둔 거예요.

예를 들어 볼까요? 친구와 저녁을 먹기로 했어요. 약속 시간이 다 되어서 친구로부터 문자가 왔어요.

"오늘 몸이 안 좋아서 못 나가겠어."

이럴 때 여러분은 어떻게 반응할까요?

시나리오 A

'아니, 아침까지 팔팔하더니, 이제 와서? 난 준비 다 했는데 이게 뭐지? 나를 무시하는 건가? 아님 나한테 삐진 거 있나?'라는 생각이 들 수 있어요.

이런 경우 화나고 자존심이 상할 거예요. 사이가 멀어질까 봐 불안한 마음도 들 거고요. 이런 감정으로 여러분이 친구에게 전화를 한다면 뭐라고 말할까요?

"너 아침까지는 괜찮았는데, 왜 그래? 좀 일찍 전화해 줘야 하는 거 아니야? 나는 다 준비했단 말이야."

시나리오 B

'아, 친구가 코로나라도 걸렸나? 저런, 많이 힘든가 보다. 약속도 못 지킬 정도면……'이라는 생각이 들 수도 있겠죠.

이런 경우 친구에 대한 걱정과 안타까움, 애틋한 마음이 들지 않을까요?

이제 여러분이 친구에게 전화를 한다면 뭐라고 말할까요?

"너 괜찮아? 많이 힘들어? 내가 먹을 거 사 가지고 갈까?"

어때요? 확실히 다르죠? 어떤 생각이 드느냐에 따라 감정과 행동이 이렇게 달라진답니다. 그러면 왜 같은 상황임에도 시나리오 A, B에서처럼 다른 생각이 들까요?

사람에게는 '핵심 신념'이라는 것이 있어요. 핵심 신념은 자신과 다른 사람, 그리고 세상에 대한 뿌리 깊은 믿음을 뜻해요. 나와 타인 그리고 세상이 어떻다고 믿는 견고한 신념이죠.

예를 들어 '나는 참 못난 사람이야, 누가 날 좋아하겠어?' '세상에 믿을 놈 하나도 없어. 늘 조심해야 해' '이 세상 참 살기 힘들다. 안 좋은 일투성이야. 희망이 없어'라는 핵심 신념을 가지고 있다면, 어떤 상황을 중립적이고 긍정적으로 보기 어려워요. 주로 부정적으로 사고하게 되기 때문에 감정도 행동도 부정적으로 표출돼요. 부정적 신념이 너무 강해서, 살면서 여러 문제에 부딪히는 경우도 있죠.

시나리오 A에서는 친구를 향해 나오는 반응이 차갑고 공격적이에요. 그래서 친구 기분을 상하게 하고, 결국 관계가 나빠지기 쉬워요. 반면에 시나리오 B에서는 따뜻하고 애정 어린 반응으로 친구의 기분을 좋게 하죠. 자연스럽게 관계도 더 좋아질 가능성이 커요. 이렇게 자신이 생각하는 것과 비슷한 결과가 나오는 거죠.

부록. 하기 싫은 일도 즐겁게 만드는 마법 같은 말

시나리오 A와 B의 다른 반응은 그 사람의 핵심 신념이 어떤가에 따라 달라지는 경우가 많아요. '나는 사랑받지 못하는 사람이야'라는 핵심 신념을 가진 사람에게서 시나리오 A와 같은 반응이 나올 가능성이 크죠. 반면에 '나는 사랑받을 만한 사람이야'라는 핵심 신념을 가졌다면 시나리오 B와 같은 반응이 나오기 쉬워요. 부정적이고 건강하지 않은 핵심 신념을 수정하여 감정과 행동의 변화를 일으키도록 돕는 것이 인지행동치료입니다.

여러분도 스스로 바뀔 수 있어요. 이 책에서 말한 여러 방법을 통해 자신의 핵심 신념을 건강하게 만들어 가면 돼요.

걸어야 해 vs 걸을 수 있어서 다행이야

제가 지금 살고 있는 동네에 풍채가 좋고 나이 지긋한 아주머니가 계세요. 아주머니는 건강 상태가 나빠진 뒤 주치의에게 운동을 해야 한다는 권고를 받았어요. 그래서 동네를 천천히 걷는 운동을 하고 있죠. 그런데 어느 날, 아주머니와 마주친 한 이웃이 "오늘도 걷고 계시네요" 하고 인사를 했어요. 그러자 아주머니는 축 처진 목소리로 말했어요.

"주치의가 자주 걸으라고 했어요. 그러니까 걸어야죠(I have to walk)."

그 말을 들은 이웃이 이렇게 말했어요.

"아니에요. 걸어야만 하는 게 아니라, 걸을 수 있어 다행인 거죠(You don't HAVE to walk. You GET to walk)."

그 이야기를 듣고 저는 '그렇구나!' 하고 무릎을 탁 쳤어요. 만약 아주머니의 건강이 더 악화되고 관절이 더 나빠진다면 아주머니는 지금처럼 걸을 수 있을까요? 아마도 어려울 거예요. 그러니까 걸어야만 하는 게 아니라, 걸을 수 있어서 다행인 거예요.

'Get to'에는 '~할 수 있는 기회가 주어졌다'는 뜻이 담겨 있어요. 내일 디즈니랜드에 가기로 했다는 소식을 들었다면 대부분의 아이들은 "디즈니랜드에 가야 해(I HAVE to go to Disneyland)"라고 말하지 않을 거예요. "디즈니랜드 가게 됐어(I GET to go to Disneyland)!"라고 말하며 환호성을 지를 테죠. 이럴 때 하는 말이 바로 "I get to~"입니다. 운 좋게 그 일을 할 기회를 갖게 됐다는 의미가 내포되어 있어요.

지금 여러분이 억지로 하는 일들이 있다면 'I have to' 대신

'I get to'를 붙여 보세요. 이렇게 생각을 바꾸면 뇌에서 당장 놀라운 변화가 일어나기 시작할 거예요.

내가 일하러 갈 수 있게 됐구나!

고백하자면 저도 이런 경험을 한 적이 있어요. 소아청소년 정신과 의사로서 보람차고 즐겁게 일하는 편이지만, 하루도 빠짐없이 매일 즐겁고 신났던 건 아니에요.

제가 몸담고 있던 병원은 3차 병원이라서 여러 다른 병원에서 치료를 받다가 병세가 호전되지 않아 찾아오는 중증 환자가 많았어요. 게다가 제가 멀리 이사를 가는 바람에 1시간 이상 운전을 해서 출퇴근해야 했죠. 집에 돌아오면 완전히 지쳐서 아무것도 못 하고 쉬어야 했어요. 그러고도 몸이 회복되지 않아서 출근할 때부터 피곤한 날도 있었어요. 그럴 땐 정말 '꼭 일하러 가야만 하나?' 하는 생각이 들었죠. 무거운 몸을 억지로 이끌고 출근할 때는 '이 일을 계속할 수 있을까? 집에서 가까운 곳에서 할 수 있는 좀 덜 힘든 일을 찾아봐야 하지 않을까?' 하는 생각도 들더군요. 그러던 중 갑자기 병을 얻어 아예 일하러 갈 수 없게 되었죠.

상태가 계속 심각해져 밥을 혼자 챙겨 먹기도 힘든 지경이
되자, 결국 한국에 있는 부모님 집으로 들어가야 했어요. 어머
니가 밥상을 차리면 간신히 일어나 먹고 다시 눕기 일쑤였고,
양말까지 어머니가 가져다주어야 하는 상황이었죠. 의사 노
릇은 상상도 할 수 없는, 굉장히 절망적인 상황이었어요.

그때 제 머릿속을 가득 채우고 있었던 것은 '미국에 다시 돌
아가 환자들을 봐야 한다'는 생각뿐이었어요. 그래서 이를 악
물고 치료에 힘쓰고 운동도 열심히 했어요. 1년 가까이 직장
을 쉬면서 집중 치료와 실험적 치료까지 받고 나서 다행히 증
세가 조금 나아졌어요.

저를 치료한 의사들은 아직 무리라고 했지만, 저는 미국으
로 돌아가서 주 3일 근무를 시작하겠다고 했어요. 그때는 일
을 못 하면 제 존재 의미가 없어지는 것만 같았거든요.

그렇게 볼티모어에 있는 병원으로 다시 출근하던 첫날, 운
전대를 잡을 힘도 없어 남편이 직장까지 태워다 주었어요. 차
가 고가도로에 오르고, 서서히 시야에 볼티모어의 스카이라
인이 들어오자, 눈물이 왈칵 쏟아지더라고요.

'드디어 내가 일하러 갈 수 있게 됐구나(Finally, I get to go to

부록. 하기 싫은 일도 즐겁게 만드는 마법 같은 말

work)!'

일하러 가면서 그렇게 감동적인 순간은 처음이었어요. 전에는 매일 그 길을 오가며 '아, 힘들다. 좀 쉬었으면 좋겠다' 하는 생각이 들곤 했는데 말이죠. 그런데 'I have to'가 'I get to'로 바뀌자 그 길을 지나는 저의 마음가짐도 완전히 달라진 거예요. 지금도 그 순간을 떠올리면 감동으로 눈시울이 붉어져요.

하기 싫은 일도 즐겁게 만드는 마법의 주문!

그 뒤에도 몇 년을 힘겹게 계속 일했지만, 결국에는 케네디 크리거인스티튜트에서 환자를 진료하는 일을 내려놓을 수밖에 없었어요. 지금 저는 존스홉킨스에서 레지던트들을 가르치며 지도 교수로서 강의와 교육에만 관여하고 있어요. 일을 줄이는 대신 건강에 조금 더 우선순위를 두고 운동을 더 하기로 했죠. 나에 대한 투자라고 생각하고 퍼스널 트레이닝을 시작했어요.

계단 오르기를 할 때, 숨이 차고 힘들어서 더 이상 못할 것 같은 순간에도 트레이너는 제게 꼭 한 번씩 더 하라고 시키곤 하는데요. 그때 저는 여러분께 알려 드린 마법의 주문을 사용한답니다. "한 번 더 해야 해(I have to do one more time)" 대신 "한 번 더 할 수 있게 됐네(I get to do one more time)!"라고 하는 거죠.

계단을 이렇게 오를 수 있는 게 어디인가요? 계단 오르기는 커녕 제대로 걷지도 못하고, 달리는 건 꿈도 못 꾸던 기간이 몇 년이나 계속되었는데요. 이렇게 계단을 한 번 더 오를 수 있다니! 내가 이걸 할 수 있다니! I get to do it!

더는 못할 것 같은 순간에도 저는 미소를 짓고 "I get to do it!" 하며 계단을 뛰어올라요. 그러면 정말 마법 같은 일이 일어난답니다. 계단 오르는 것이 덜 힘들게 느껴질 뿐 아니라 정말로 즐거워지더라고요.

지금 여러분에게 꼭 해야 하는 일이 있는데 하기 싫다면, 이 마법의 주문을 한번 써 보길 권해요. 하고 싶지 않아도 일단 하기로 결정했다면 말이에요. "I have to do it"이라고 생각하며 꾸역꾸역 억지로 하기보다는 "I get to do it!"이라고 한번 소리 내서 말해 보세요. 이때 입꼬리를 끌어올리고 미소를 살짝 머금는 것도 잊지 말고요. 그러면 내 기분이 곧장 달라지는

부록. 하기 싫은 일도 즐겁게 만드는 마법 같은 말

걸 느낄 수 있을 거예요.

아까 제가 공개했던 '영업 비밀' 기억하나요? 생각에 따라 감정과 행동이 바뀔 수 있다는 것 말이에요. 인지행동치료는 긴 시간 수많은 연구와 실험을 통해 그 효과가 입증되었어요. 그러니 '에이, 그런 거 한다고 뭐가 달라지겠어?'라고 생각하지 말고 한번 시도해 보세요.

미소를 머금고 '영어 공부를 할 수 있는 게 어디야' '학교 갈 수 있는 게 어디야'라고 스스로에게 한번 말해 보세요. 내 기분이 어떻게 달라지는지 살펴보면서요. 계속 그 일이 하기 싫고 힘든지, 아니면 짜증 나고 억울했던 마음이 조금 풀어지고 덜 힘들어지는지 가만히 들여다보는 거예요. 그러면 마법 같은 변화를 직접 체험해 볼 수 있답니다.

들숨에 × 긍정
날숨에 × 용기

© 지나영, 2023

초판 1쇄 발행일 2023년 3월 3일
초판 6쇄 발행일 2024년 7월 8일

지은이   지나영
펴낸이   정은영

펴낸곳   자음과모음
출판등록 2001년 11월 28일 제2001-000259호
주소   10881 경기도 파주시 회동길 325-20
전화   편집부 02) 324-2347 경영지원부 02) 325-6047
팩스   편집부 02) 324-2348 경영지원부 02) 2648-1311
E-mail   jamoteen@jamobook.com

ISBN   978-89-544-4872-7 (43190)